「外国人大歓迎」の賃貸経営

新時代の不動産投資

「入居率100%」を実現する

株式会社田丸ビル代表取締役
CFP®認定者・マンション管理士
公認不動産コンサルティングマスター

田丸賢一
Tamaru Kenichi

現代書林

はじめに

「田丸さんのような外国人に優しいオーナーで本当に嬉しかったです」

韓国人である彼はそう言い、私にお土産を渡してくれました。

令和2年1月、新型コロナウイルス感染症が流行しているニュースがWHOを中心に世界中を駆け巡り、日本でも厚生労働省による注意・喚起がなされました。

そのニュースから5ヶ月後、日本では緊急事態宣言が解除された5月の翌月に、アパートに入居している韓国人男性が帰国を理由に退去されました。本国在住の両親が、新型コロナウイルス感染症が流行拡大している日本での滞在を認めなかったことが帰国の理由です。

時代は遡って10年前、全く同様の出来事があり、ふと懐かしく思い出しました。

内モンゴル出身の入居者が帰国を理由に退去されましたが、彼は「外国人は日本で住まいを借りるのが難しいため、同じ国の人がいたら真っ先に田丸さんを紹介したい。田丸さんのような外国人に優しいオーナーで本当に嬉しかったです」と涙を浮かべながら、お土産を渡してくれました。このひと言が私を動かしました。そう、入居困難とされる外国人の入居支援をするオーナーになりたいと。

その後も現在まで、外国人への入居支援を増やしていきました。国籍もアジアだけではありません。噂を聞いて駆け付けたドイツ人起業家がオフィスを借りたいと訪問されたり、コロンビア在住で日本に入国する予定だった方も入居されました。

本社近くにあるビルの1階店舗はすべて外国人テナントです。オフィスビルでは、外国人テナントが多く入居する等、気がつけば居住用・事業用物件ともに外国人入居者がウエイトを占めるようになってきていました。

「環境に適応する、10年後とその先を予想し、時代の先を行く」

これは経営者としての、私の理念です。

当社は私の祖父が建設業として創業し、父が受け継ぎ、私が3代目となり、不動産賃貸業(賃貸経営)とコンサルティングを業務の中心とする不動産会社になります。会社の設立年度が昭和43年ですから、55期目を迎えました。会社設立前から賃貸経営を行い、60年以上はこの世界でビジネスを続けていることになり、現在は都内で9棟111戸の賃貸物件を運営しています。

学生時代に経営学を専攻して学んだ内容だけでなく、失敗しながら幾度となく訴訟や調停、警察沙汰をも経験し、現場で学びながら、自分なりの経営術を考え、実践してきました。マーケティングも時代に合わせて検証し、今のマーケットから需要が少ないものは何か、需要が今後10年以上あり、継続してターゲットにできるものがないのか等、現在も常に探求しています。

その結果、現在、「年間入居率100%」を何度も達成し、新型コロナウイルス感染症の影響下でも、過去最高に業績を伸ばせています。

「年間入居率100%を何度も達成」と聞いて、皆さんはどのようにイメージされるのでしょうか？

1年もの間、1日たりとも空き室がないということになります。

しかも、**築35年以上の物件や駅から遠い物件、3点ユニットバス等、一般的に入居者の募集に不利な状況の中で、何度も達成しました。**

では、どのように達成したのでしょうか……。

私の賃貸経営術の、柱の一つとなっているのが「外国人」を〝大歓迎〟することで、満室経営を継続させるという方法です。

一般に、言葉が違う外国人とは文化や価値観の違いがあり、距離を感じてしまうのは仕方がありません。そこから偏見が生まれてしまうこともあるでしょう。偏見の多くは誤解です。誤解による偏見が、多くのビジネスチャンスを奪っていると私は思います。

「住宅確保要配慮者」とされる外国人は、部屋を借りる際に、おおよそ2人に1人が入居を断られているのが現状なのです。

新型コロナウイルス感染症の流行による影響で、確かに一時的に外国人の日本への入国がストップしています。けれども流行はいつかは終息するものです。

経済のグローバル化や少子高齢化と共に人口減少がますます進む日本では、外国人労働者の需要は今後は避けられないものとなってきています。それに伴って、外国人の賃貸需要も今後ますます増加していくことでしょう。この**年々増加する需要こそが、「入居率100%の長期満室経営」へと変化させる**のです。

本書は現役の不動産投資家や管理会社で空き室が埋まらない方、これから不動産投資を行う方や検討中の方、ビル経営者等の事業用物件のオーナー、外国人入居者を支援されたい方、不動産投資や賃貸経営の書籍を読みつくした中上級者すべての方々に読んでいただける内容となっています。

私自身も不動産投資や賃貸経営に関する書籍は100冊以上はすでに読破していますが、本書は空き室対策については小手先でない、マーケティング、とりわけ社会のニーズに徹した本質部分に触れています。長年にわたるオーナーとしての実体験に基づいているため、内容が被ることなく、机上の空論や理想論ではないと自負しています。

まず多くの富裕層・不動産オーナーを見てきたＣＦＰ®認定者として「資産運用」の観点から、次に現役の不動産オーナー・管理会社として、60年以上にわたる賃貸経営及び管理実務の実績から、最後に資格を保持し、多方面での専門知識を有する不動産コンサルタントとしての視点から、「不動産投資」及び「賃貸経営」について、あまり類書にない「外国人」をテーマに執筆しています。

今まさに思いもかけない出来事が次々に起こり、世の中はますます変化し、多様化してきています。これからは変化し多様化する時代に対応した「賃貸経営」が必要です。多文化共生社会での「賃貸経営」もその一つとなるでしょう。

本書が皆さまのお役に立つのであれば、著者としてこんなに光栄なことはありません。

２０２１年10月

田丸　賢一

目次

はじめに　3

序章　なぜ今「外国人大歓迎」が満室経営につながるのか？

年々増加する賃貸住宅の外国人入居を取り巻く状況　21
●全国の在留外国人数（法務省出入国在留管理庁より）　21
●全国の外国人労働者数（厚生労働省「外国人雇用状況」の届出状況より）　23
●全国の留学生数の推移（独）日本学生支援機構より）　23
●令和2年度　外国人留学生在籍状況調査結果（独）日本学生支援機構より）　24
●平成27年度　私費外国人留学生生活実態調査概要（独）日本学生支援機構より）　25
なかなかできない「年間入居率100％」を何度も達成　27
一般的な空き室対策は「キャッシュアウトするもの」　29
●賃料を下げないと空き室が埋まらない　29

● 広告宣伝費を2ヶ月出してください 32
● 3点ユニットは人気がないから、バス・トイレ別の工事をすべき 34
● フリーレントを2ヶ月にしてください 36
● 空き室保証のあるサブリース契約を結びましょう 37
● 室内の壁紙にアクセントクロスをつける 38
● 入居者にサンクスカードやウェルカムグッズをプレゼント 39
● 部屋をショールーム化（ステージング）してください 41
● 空き室が埋まらないから売却した方がよい。今なら高く売却できます 42
社会的ニーズが、「入居率１００％」を可能にする 43

第1章 すべての前提となる「ＣＦＰ®認定者 田丸式・賃貸経営の極意」

「田丸式・賃貸経営の極意」その①……立地は最重要～購入後に変更ができない！ 47
● 賃料単価が安いことの問題 47
「田丸式・賃貸経営の極意」その②……賃貸経営の基本は管理にあり 49
● 区分所有マンションは管理で買え 49

●賃貸管理会社次第ですべてが変わる　51
●対応スピードの速さは顧客満足度に直結する　52
●業者が信用できない、それなら自主管理をすれば、というと……　54
【参考】賃貸住宅管理業法：賃貸住宅管理業の登録制度と優良な管理業者　54
「田丸式・賃貸経営の極意」その③……不動産は、税制的に短期売買に向いていない　56
「田丸式・賃貸経営の極意」その④……意外と知らない!?　儲かる不動産の買い方　57
●景気の良し悪しにかかわらず出る、優良物件を狙う　58
●購入する時に、フルローンでの購入は避ける　58
●頭金は「購入金額の3割」が鉄則　60
●融資の引締時こそ不動産の買い時　61
●割安物件は、こうやって見つける　63
●利回りは、リスクとのバランス、低くてもあきらめない　65
「田丸式・賃貸経営の極意」その⑤……競売・任意売却物件を狙う　66
●競売は購入時の初期費用が抑えられる　67
●意外な「競売のリスク」に注意　68
●競売を経験し、不動産を学ぶ　70
●任意売却は水面下での情報ネットワーク網が大切　72
「田丸式・賃貸経営の極意」その⑥……修繕費は借主（入居者）が加入する家財保険で

カバーする　74
●水漏れは場合によっては高額な損害賠償額となる　77
●借主（入居者）が加入する家財保険は「必須」　78
●リスクマネジメントは確実に　80
「田丸式・賃貸経営の極意」その⑦……高齢者・生活保護受給者・学生をターゲットに　82
●高齢者は対策をとれば、リスクを大きく軽減できる　82
●「定期建物賃貸借契約」や「特約（覚書）」で、アクシデントの発生を予防する　86
●国土交通省が策定・公表する「残置物の処理等に関するモデル契約条項」　88
●生活保護受給者の場合も、高齢者と同じく需要のあるターゲット　90
●「競争戦略」を組み合わせた「学生」を狙う！　91
「田丸式・賃貸経営の極意」その⑧……時代の変化に対応して、デジタルを駆使する　92
●クレジットカードで初期費用を支払う借主が増加　92
●不動産取引の完全オンライン化の時代がついに！　94
●SEO対策で大家と直接契約　98
●競売の落札予想価額もAIで予想　99
●スキルシェアサービスやクラウドソーシング等による賃貸経営上の経費削減　100
「田丸式・賃貸経営の極意」その⑨……外国人オーナーから不動産を購入　102
●プロの宅地建物取引士でも知らない!?　外国人から物件を買う時の「源泉徴収」　104

「田丸式・賃貸経営の極意」その⑩……契約書を使いこなす！　106
コラム① 賃貸経営を始めるなら、区分所有物件がお勧め！　107
コラム② 不動産投資と比較した場合の株式投資の資産運用方法　109

第2章 外国人に対する不動産業界の認識は遅れている!?

【外国人入居者に対する誤解①】基本的に属性が悪い　113
【外国人入居者に対する誤解②】夜にどんちゃん騒ぎをする、大きな音を出す　115
【外国人入居者に対する誤解③】ゴミ出しなどのルールを守らない　118
●自治体が外国人へルールを伝える手助けを始めている　119
【外国人入居者に対する誤解④】家賃滞納のリスクが大きい　120
【外国人入居者に対する誤解⑤】入居者の数がいつの間にか増えている　122
【外国人入居者に対する誤解⑥】部屋を汚く使う、壊す　123
●破損や汚れを日本人ほど気にしないという点から見えた新しい可能性　125
【外国人入居者に対する誤解⑦】新型コロナウイルス感染症の影響で外国人は減っていて、これから狙ってもダメ　126

【外国人入居者に対する誤解⑧】公的なサポートが十分でない
問題は偏見を持つことにある 127
外国人入居者の言葉①……外国人が快適に生活できる部屋が増えてほしい 130
コラム③ 外国人が占有する競売物件は、これからの狙い目かも!? 133
135

第3章 外国人を歓迎して賃貸経営を成功させる

さまざまな形で、さまざまな国から外国人が来ている 138
日本人が避けるワンルーム極小マンションの「3点ユニット」が、
外国人相手には高効率の投資物件に変わる 140
駅から遠い物件でも大丈夫 142
「初期費用の安さ」がポイントになる 143
設備については意外と気にしない 145
築年数も気にしない 147
単身用物件だけでなく、ファミリータイプ物件も人気 148
最強のストックビジネスのカギ「外国人入居の『無限ループ』」 149

究極の空き室対策
「外国人入居者によるＷｉｎ－Ｗｉｎ－Ｗｉｎのループ」 154
入居の「ループ」が続くと賃料が下がらない 157
事業用物件はさらに「ループ」が生まれやすい 160
●事業用物件の定期建物賃貸借契約は「ループ」の効力が倍増 162
●「店舗・オフィス物件から居住用物件への『ループ』」 165
●日本人の場合の「ループ」はというと…… 166
外国人独特の絶大な口コミ効果 168
人のつながりを作り出すためには 169
●外国人からの英文メールでの問い合わせに返信してみよう 171
外国人の連帯保証人はどうするのか？ 172
外国人入居者の言葉②……外国人が日本でビジネスを始める時は、物件探しが最初の壁になる 174
コラム④ 子どもにも「お金の教育」が必要な時代になった 176

第4章

外国人専門の賃貸保証会社と仲介会社の台頭が外国人の入居環境を変えた

外国人専門の賃貸保証会社とはどんなもの？　180
「どこの国とつながりが深いか？」で外国人専門仲介会社を選ぶ　182
●外国人コミュニティを把握する　183
外国人専門仲介会社であれば日本語の契約書だけでも大丈夫　186
カード会社のコンシェルジュなみ！　困った時の生活サポート　188
●本国在住でも入居時のサポートを実施　189
●契約時に役に立つツール　190
オーナー（管理会社）を蚊帳の外にせず、入居者としっかりとつないでくれる　192
「外国人事業家」向けの賃貸保証サービスができた！　193
徹底した本人確認で「なりすまし」を見破る　195
帰国中の滞納家賃も回収できた！　197
外国人人材派遣会社からの紹介　199
ついには政府も本腰を入れて後押しをするように！　200

不動産業界団体も後押しをしている！ 202
●「部屋を借りる人のためのガイドブック」 202
外国人入居者の言葉③……親身になってくれるオーナーさんは、外国人起業家にとって貴重な存在です 204

終章

田丸ビルの出発点であり、理想としている「田丸荘」の物語

●減価償却期間が過ぎた後も保有すること 211
●立ち退き成功から見えてくるもの 212
●長期的な賃貸経営で大切なのは相続・事業承継 214

〈巻末付録〉

契約書の重要性 ……田丸式・居住用建物賃貸借契約書の解説

なぜか語られない契約書の重要性 219
【参考：消費者契約法】 220

居住用の契約書を基本に考える 221

契約書のポイント 222
●大事な部分はしっかりと強調する 222
●文字は大きく、わかりやすく 223
●金額は税込の金額がわかるように記載 224
●失敗やトラブルがあれば、すぐ反映させる 224
「一般条項」の注意点 225
●「害虫やペットの範囲」をハッキリと明示する 225
●小さな備品にまで責任の所在を明確にしておく 227
●善意がトラブルにならないように、不在確認のルールを決める 227
●短期解約を未然に防止する 228
「特約条項」の注意点 230
●「特約条項」こそ何より大切 230
●更新料の抜け道について対応しておく 230
●残置物の内容と修繕・交換費用負担を明確にしておく 231
●「退去時のルームクリーニング費用は借主負担とする」だけの文言はNG 232
●床の「へこみ」を少しでも防止する方法 236
●単価もきちんと記載する 237

●高齢者特有の事情に対しても、「特約条項（または覚書）」で対応する　238
●長期不在を未然に防止する　239
●入居者が亡くなった時のことも考えておく　240
●記載すること自体は違法ではないので、「抑止力」や契約内容の「遵守の強化」として記載　241
●「特約条項」にもサインしてもらう　242
●オーナー目線だけではダメ！　借主に真摯に向き合う契約書を作る　244
おわりに　250

序章

なぜ今「外国人大歓迎」が満室経営につながるのか？

「外国人」といえばトラブルのもと、言葉が通じなくて怖そう、常識が違いそう、マナーが悪そう……と、悪い要素が次々頭に浮かんでしまう、そういう人は少なくないでしょう。**本書でいう「外国人」とは、エリートビジネスマンや外国政府の要人等を除き、日本に来ている留学生や技能実習生、出稼ぎ、その他の目的で日本で生活している方を指しています。**

20年ほど前、私は将来、少子高齢化と人口減少が大変な速度で進むだろう、と予想しました。現在はまさに、東京を除く多くの都市で人口減少が始まっており、確実となっています。この状況を打破するためにどうすればいいのか？

当時の結論として、国内の若年層が減る以上、日本は移民・外国人を受け入れざるを得なくなる、という考えに至りました。

当社はたまたま数十年以上前から、外国人入居者が相当数いたことで外国人と日常的に接していましたので、外国人入居者に対する苦手意識がありませんでした。だからこそ、先を予見し、時間をかけてノウハウを練り上げていけたのかもしれません。

あれから時代は巡り、気がつけば、コンビニエンスストア、スーパー、レストラン、工場、建設現場、農業、介護まで、多くの場で外国人が働いています。そういった状況に対し、近年ようやく、政府も「観光客を含め、外国人を受け入れないと、日本は衰退する」という考えに変化し、入管法改正により、海外の留学生や労働者の受け入れを緩和し、「外国人生活支援ポータルサイト」や「外国人在留支援センター（FRESC／フレスク）」等、情報提供をはじめとして、いくつもの受け入れ環境を整備しています。

年々増加する賃貸住宅の外国人入居を取り巻く状況

新型コロナウイルス感染症の流行の影響も含めて、外国人入居者を取り巻く状況が、どのように変化したかを確認してみます。

全国の在留外国人数（法務省出入国在留管理庁より）

出入国在留管理庁によれば、令和2年末の在留外国人数は、288万7116人で、前年末に比べ4万6021人（1・6％）減少しました。前年末に比べて減少したのは平成24年以来8年ぶりとなっています。

減少要因は新型コロナウイルス感染症の影響で、留学生を中心として、在留外国人数は若干減少しました。

【国籍・地域別】 参考：法務省出入国在留管理庁より（令和2年末状況）

上位10ヶ国・地域のうち、ベトナムのみが増加（対前年末比3万6085人《8・8％》

増）し、韓国に代わり第2位となりました。新型コロナウイルス感染症の流行を要因として、他の9ヶ国・地域ではいずれも対前年末比で減少となりました。

1位　中国　77万8112人（構成比27・0％）（▲4・4％）
2位　ベトナム　44万8053人（構成比15・5％）（＋8・8％）
3位　韓国　42万6908人（構成比14・8％）（▲4・4％）
4位　フィリピン　27万9660人（構成比9・7％）（▲1・1％）
5位　ブラジル　20万8538人（構成比7・2％）（▲1・5％）
6位　ネパール　9万5982人（構成比3・3％）（▲0・9％）
7位　インドネシア　6万6832人（構成比2・3％）（▲0・0％）
8位　台湾　5万5872人（構成比1・9％）（▲13・7％）
9位　米国　5万5761人（構成比1・9％）（▲5・8％）
10位　タイ　5万3379人（構成比1・8％）（▲2・6％）

【都道府県別】 参考：法務省出入国在留管理庁より（令和2年末状況）

外国人数が最も多いのは東京都の56万1180人（対前年末比3万3278人《5・6％》

減）で全国の19・4％を占め、以下、愛知県、大阪府、神奈川県、埼玉県と続いています。

1位　東京都　56万1８０人（構成比　19・４％）（▲５・６％）
2位　愛知県　27万３７８４人（構成比　９・５％）（▲２・６％）
3位　大阪府　25万３８１４人（構成比　８・８％）（▲０・８％）
4位　神奈川県　23万２３２１人（構成比　８・０％）（▲１・２％）
5位　埼玉県　19万８２３５人（構成比　６・９％）（＋１・１％）

全国の外国人労働者数（厚生労働省「外国人雇用状況」の届出状況より）

厚生労働省「外国人雇用状況」の届出状況によれば、令和2年10月末時点の外国人労働者数は172万4328人で、前年同期比6万5524人（4・0％）の増加となり、平成19年に届出が義務化されて以降、過去最高を更新しましたが、増加率が前年13・6％から9・6％も減少しました。こちらも新型コロナウイルス感染症の影響と思われます。

全国の留学生数の推移㈱日本学生支援機構より）

独立行政法人日本学生支援機構の調査によると、令和元年5月1日時点の外国人留学生は前年（平成30年）より1万3234人（4・4％）増となる31万2214人でした。日本政府が掲げる2020年（令和2年）を目途に30万人の留学生受入れを目指す「留学生30万人計画」は、数値上は達成されました。

ところが、令和2年5月1日時点の留学生数は新型コロナウイルス感染症の影響により、27万9597人（前年比3万2617人《10・4%》減）となりました。日本政府及び各国政府による渡航制限等の措置の影響が大きかったものと思われます。

それでも平成24年の16万1848人から毎年右肩上がりで増加して、現在は約2倍ほど増加しているのは間違いありません。

令和2年度 外国人留学生在籍状況調査結果㈱日本学生支援機構より）

【賃貸住宅の割合】

「留学生宿舎の状況」（令和2年5月1日）によれば、外国人留学生の83・3%が民間の賃貸住宅を利用しており、残りが留学生宿舎や一般学生寮等に住んでいます。すなわち、民間の賃貸住宅の需要は留学生にとっては非常に大きいことがわかります。

なお、平成27年の国勢調査によると、留学生を含む、**在留外国人のほぼ半数の世帯が賃貸住宅**を住まいとしていることがわかります。

【出身地域・国別留学生数】

「出身地域別留学生数」によれば、出身地域別の留学生の割合については、アジア地域からの留学生が94・6％（前年度93・6％）、欧州・北米地域からの留学生が合わせて3・5％（同4・4％）となっています。

また「出身国別留学生数」によれば、中国、ベトナムからの留学生を合わせると、全留学生に占める割合は65・9％（前年度63・4％）となっています。

これらの資料により、**アジア人の留学生は日本の民間賃貸住宅における需要が非常に高いこ**とが把握できます。

平成27年度 私費外国人留学生生活実態調査概要（独）日本学生支援機構より）

【賃貸住宅を選ぶ際に重視したもの】

外国人留学生が賃貸住宅を選ぶ際に重視したものに関して、「家賃・初期費用」との回答が85・4％と最も多いです。多くのアジア人にとって**日本の物価が高いことが要因**かと思われます。東京都の平均家賃は月額3万8000円です。

留学生に認められているアルバイト時間（原則週28時間以内）だけで家賃や生活費を賄っていくのは、現実として厳しいのです。

公営住宅も外国人にとっては、家賃や初期費用が安くて人気ですが、倍率が高く、供給数が追い付いていない状況です。同資料によれば、全体の2・4％と少ない状況です。

【一人あたりの専有面積】

「7・5㎡以上10㎡（約5〜6畳）未満」が20・6％と最も多く、**「15㎡（約9畳）未満」が全体の約7割（68・6％）となっていて、専有面積が小さい**ことがわかります。

【住宅入居にかかる敷金・礼金・保証金等の金額】

「5万円未満」が30％で一番多く、次いで、「5万円以上10万円未満」が23・7％、「なし」が19・5％となっています。「なし」の割合が一定数あるのは、留学生用宿舎、一般学生寮、企業の社員寮が要因のようです。

【住宅入居にかかる保証人の種類】

民間の賃貸住宅の入居の際に約6割（57・7％）以上が「保証人を求められた」そうです。

保証人の種類は「大学・学校等（代表者）」が29％、次いで「日本人の知人」が18・9％、「保証制度を利用する」が15・6％、親族が14・3％となっています。

【同居人の有無】

単身とルームシェアの割合は「単身」が49・2％、「同居」が49・8％と同割合となっていますので、ルームシェアも人気となっています。同居人は「外国人留学生」が53・6％と半分以上を占めていて、次いで、「配偶者または家族」が26・3％となっています。

さて、賃貸住宅の外国人入居を取り巻く状況を少しでも把握できたかと思います。

年々外国人の賃貸需要が増加しているにもかかわらず、**外国人は〝住宅確保要配慮者〟と言われる存在です。実際、部屋を借りたいと不動産屋に行っても、おおよそ2人に1人は断られているのです。**

増加する外国人の賃貸需要に対して、「外国人を大歓迎」して受け入れ、空き室対策として活かすことができれば、部屋を借りるのが難しいとされる外国人の手助けとなるだけでなく、オーナーにとってもメリットとなるのではないでしょうか。

それでは、当社が作り上げてきたノウハウの、さわりをお話ししていきましょう。

なかなかできない「年間入居率100％」を何度も達成

「年間入居率100％」というのは難しいものです。1年間で、1件でも1日でも入居していなければ、「99・99……％」になってしまうのですから。

一般的に見て、都内で入居率95％を達成できていればよい方なのではないでしょうか。当社は、築35年以上の物件や駅から遠い物件、3点ユニットバス等、一般的に入居者の募集に不利な状況の中で、**「年間入居率100%」を何度も達成しています。新型コロナウイルス感染症流行中の現在でも、「入居率100%」で満室状況が続いています。**不動産賃貸ポータルサイト「SUUMO」の担当者からは驚かれるのですが、「満室だから休会したい」と頻繁に申し出ると、そのような不動産会社は聞いたことがないと驚かれます。不動産賃貸ポータルサイトは掲載費として月額の固定費が発生するので、長期間満室の場合は休会した方が固定費の削減になります。

なぜそれが可能なのか、それこそ、外国人の特性に注目したからです。

一般的に、外国人入居者には、さまざまなデメリットが考えられます。たとえば「又貸し」。異郷の地で生きる外国人は、同胞意識が強いのです。だからこそ、自分の国の人を無断で転貸という形で入れてしまう。これは、貸す側からすると、無断で占有者が勝手に変わることで、名前や素性を知らない者への明渡請求ができなくなる、などのトラブルのもとになります。

しかし私は、**外国人の同胞意識が生むデメリットを、逆にメリットと考えました。それが、「キャッシュアウト」をしない退去・入居の「ループ」を生み、「入居率100%」につながっているのです。**

一般的な空き室対策は「キャッシュアウトするもの」

業界の常識として語られる「空き室対策」には穴があります。もちろん、効果がないわけではありません。しかし、根本的な解決にはなっていない、と私は思っています。よく言われがちなことと、問題点を挙げてみましょう。

賃料を下げないと空き室が埋まらない

借主にとって、賃料が低いのに越したことはないのですが、より有効な空き室対策は「初期費用」を下げることです。外国人は皆「日本の賃貸住宅は、初期費用が高い」と感じています。礼金の文化が理解しにくい、というのもあるようです。アジア、欧米、南米と、たくさんの国の入居者に話を聞きますが、口を揃えて「礼金の意味がわからない」と言います。韓国人入居者は「なんで客なのにお金を払うの？」とまで言っていたことがあります。

そもそも礼金というのは、日本独自の文化で、戦後間もない、土地や住む場所が不足していた時代の名残りです。居住用に比べ圧倒的に物件数が少ない事業用物件や駅前立地の居住用物件、新築やブランド物件等の競争力のある物件を除き、現在の日本には馴染みにくいものです。

初期費用は入居の条件となっていれば「嫌なら入居しなければいいでしょ」と条件面では貸し手優位となり、借主がやむを得ず了承するケースが多いのではないでしょうか？

初期費用を釣り上げた物件は、外国人には敬遠されます。外国人にとっては「初期費用が安い」という点の方が重要なのです。初期費用を相場より大幅に安く設定すると、通常の物件であれば、すぐに入居申込みがやってきます。

当社の場合は、事業用物件を除き、居住用物件の場合は敷金ゼロ、礼金ゼロ、さらに当社と直接契約する場合（仲介会社に仲介してもらわないケース）は、仲介手数料も当然不要です。敷金ゼロ、礼金ゼロ、仲介手数料ゼロ、いわゆるトリプルゼロ物件と呼ばれますが、これにより初期費用を相当に安く設定できます。

「敷金ゼロ」に関して、それで大丈夫なの？　とオーナーは思うかもしれませんが、三つの理由により、〝居住用物件の単身者用マンション〟であれば大丈夫なのです。居住用物件であれば、敷金は、家賃滞納や事件・事故がなければ、ほぼ原状回復費用への担保として使われるものです。空き室期間を作らなければ、原状回復が必要になる場面が少なくなるという戦略（詳しくは後述します）が理由の一つとして挙げられます。

理由の二つ目に、「賃貸保証会社」や借主（入居者）が加入する「家財保険（借家人賠償責任補償拡大特約。詳しくは後述します）」を上手く使いこなすことがあげられます。

もし、入居者が不測かつ突発的な事故で室内を大きく損傷させてしまった時には、その修繕費用は賃貸保証会社の「原状回復費用保証」や、「家財保険（借家人賠償責任補償拡大特約）」が負担してくれますから、オーナー側のマイナスは少ないのです。

そんなことができるのか？　三つ目の理由ですが、戦略を練って契約書を作ればできるのです。〝契約書を詰める〟ということについて、日本の仲介会社・管理会社は甘いと言えます。契約トラブルは、借主である消費者が契約内容を理解していなかった、納得していなかったことが原因になっているケースが大半です。トラブルが生じるのは契約内容の具体性が薄く、特約が乏しくなっているからです。

当社で使用する賃貸借契約書は、標準的なものでも特約だけで4ページほどあります（詳しくは「巻末付録」を参照）。細かく、〝外国人の場合〟、〝高齢者の場合〟、〝生活保護受給者の場合〟、〝ファミリー物件の場合〟、〝事業用の場合〟、〝店舗の場合〟……というように、このシチュエーションの場合はこのように、と決めているので、有耶無耶にならないのです。

また、オーナー視点で作り、詰められたもので、かつ初期費用を下げる（結果として借主にとっても不利にならない）、それを実現させたものです。

多くの失敗を経験し、そのたびに改善策を検討して実行してという、経営学では今では当たり前の「ＰＤＣＡサイクル」を実践した結果生み出せた一つの成果です。

将来、収益物件を売却するかもしれない、という別の観点からしても、賃料が下がれば収益還元法に基づく収益評価額が下がるため、売却価格も下がるというデメリットもあります。

賃料が下がっても修繕費や借入金、固定資産税等の金額は減少しませんので事業として考えればナンセンスなことです。さらに入居者属性の観点からもデメリットが多いのです。

一度賃料を下げて契約してしまうと、その後、好景気になって賃料を増額しようと思っても難しいものです。

賃料を下げるというのは、借入が全くない、余力のある地主・富裕層を除けば、最終手段としましょう。本来得られるべき賃料を得ることができないという意味で、**「賃料を下げる」空き室対策は「キャッシュアウト」してしまうのです。**

広告宣伝費を2ヶ月出してください

「業務委託費」あるいは「AD」と呼ばれて計上されることもある、広告宣伝費の本質は、実は「仲介手数料」なのです。

客付けがメインの賃貸仲介会社の収入で大きいのは、仲介手数料です。これは、宅建業法上、「賃料の1ヶ月分＋消費税」しか受領することができません。そのため、別の形でお金をもらうために、名目を変えた形ですので、言われるがままに払うのはよくないでしょう。

確かに広告宣伝費1ヶ月程度の支払いがあるのとないのとでは、ノルマがある仲介会社の担当者にとっては物件案内に対する優先度が変わります。宅建業法上は、仲介手数料1ヶ月分を100％借主が負担する必要もないので、通常の仲介手数料1ヶ月分をオーナーが借主の代わりに100％支払ったと考えれば納得もできます。

けれども広告宣伝費を2ヶ月出すということは、本来の仲介手数料1ヶ月分の2倍を支払うことになるため、物件に競争力がなく、客付け戦略が弱いことを意味します。なにより、都心部の駅前の好立地物件やブランド物件は広告宣伝費なしでも成約するのが現実です。

この件は、宅建業法の視点から見ると、ギリギリの行為に見えます。現在は判例を見る限りはグレーゾーンになっています。知人の不動産会社社長が最近、広告宣伝費の訴訟を起こしましたが、裁判所としてもグレーゾーンの黙認スタンスのようです。仲介会社は、広告宣伝費なしでは事業としては厳しいということを裁判所も認識しているのでしょう。今後もし、広告宣伝費の訴訟で別の判例が出れば、状況が変わるかもしれません。

オーナーからしてみれば広告宣伝費とは言ってみれば、「仲介会社頼みの戦略」であり、一日でも早く物件を決めたい場合等の事情を除き、オーナーは物件自体や客付けの競争戦略を練るべきです。

「広告宣伝費を多く支払う」空き室対策も「キャッシュアウト」してしまいます。

3点ユニットは人気がないから、バス・トイレ別の工事をすべき

3点ユニットとは、バス・トイレ・洗面所が一体になっている、極小ワンルームマンションなどで採用されている形式です。今はユニットバスの更新リフォームを除けば、ほとんど作られていません。現在、東京23区では、建築規制の条例で、新しく作るワンルームマンション(単身者用という意味で、1Kを含む)は通常、専有面積が25㎡以上ないとダメ、となっています(ただし、第一種低層住居専用地域では20㎡以上とする自治体もあり、渋谷区では28㎡以上、というように専有面積は自治体によって異なります)。

3点ユニットが採用された物件は、アパート・マンション需要が爆発した1970年代後半頃から普及し、90年代バブル期を最盛期として大量に建設されました。その物件が、今、敬遠されるようになっています。

日本人は、3点ユニットを好まない傾向が強いです。お風呂に愛着を持つ民族ですし、またトイレではゆっくりしたい、とも考えますから、「トイレとお風呂が別になっていない物件は、そもそも無理」という人は少なくありません。多少お金をかけてもバス・トイレを別にするべき、と当然のように語られます。

10㎡台の中古ワンルームマンションで工事により、バス・トイレを別にすると、寝る場所も

なくなってしまいます。居室が極小物件より狭くなり、もはや入居者が入居するのかという問題も生じます。

逆に、外国人には、3点ユニットの方がより人気がある、という現実があるのです。**なぜかといえば、外国人の文化圏では、お風呂にお湯をはって浸かる、という文化に馴染みが薄いから、そして、なにより家賃がバス・トイレ別と比較して安いから**です。

同じ条件で比べれば、3点ユニットの物件は、バス・トイレ別の条件の近い物件と比べると、家賃が1万円ほどは安くなります。家賃が安くなるということは、仲介手数料をはじめとする初期費用も安くなります。もともと3点ユニットの物件は、初期費用が低めに設定されていることも多く、初期費用で10万円の差がつくことも珍しくありません。

日本に来る外国人、中でも留学生の方は、母国の中でも比較的裕福だったり、社会的立場が安定している家の生まれだったりすることも多いですが、発展途上国の出身ですと、日本は物価が高いですし、生活に不自由が出る場合も多いのです。

そういう現実を見た時、外国人は、安くなる方を優先する傾向が強いのです。ですから、**無理に大きなコストをかけて、バス・トイレを別にする工事をする必要はない**、というわけです。**3点ユニットの物件は、工事をするよりむしろターゲットを決めて生かすべきなのです。**3点ユニットは築浅物件と比べて、築古物件に多いため、投資家からすれば通常、購入価格も高くはありません。そのため、保有する物件の規模拡大を考えるオーナーからすれば、利回りの面でも、空き室対策の面でも最高にコストパフォーマンスの優れたものとなります。

日本人である自分が3点ユニットが嫌いだから、入居者も3点ユニットは嫌だろう、と思い込まずに、「3点ユニットだからこそ入居する」という事実も十分にあるのです。

どうしても3点ユニットが嫌いならば、バス・トイレ別の築浅物件に買い換えた方がよいでしょう。バス・トイレ別の工事をしても他の室内設備や建物自体が古いよりはコストパフォーマンスは全く高いです。建物寿命の短い一棟の旧耐震建物で立退料を支払い、高額の費用をかけて、耐震改修工事をするよりは一棟の築浅物件に買い換えた方がよいのと同じです。**「バス・トイレ別の工事にする」空き室対策も「キャッシュアウト」してしまいます**。しかもキャッシュアウトする金額は大きいのです。

フリーレントを2ヶ月にしてください

フリーレントでは契約期間中の総賃料が減少するので、按分すれば賃料を下げていることと同じになります。

また「入居者頼みの戦略」であり、一日でも早く物件を決めたい場合等の事情を除き、オーナーは「キャッシュアウトしない」物件自体の競争力アップと客付けの競争戦略を練るべきです。

「フリーレントをつける」空き室対策も「キャッシュアウト」してしまいます。

空き室保証のあるサブリース契約を結びましょう

サブリース契約は、同族会社が役員や親族に対して少しでも優遇するために行うケースを除き、オーナーの利益が大きく減少することもあります。特に競争力があって空き室の心配がない場合は必要ないでしょう。オーナー側からの解約が難しいことや家賃下落リスク、礼金や更新料収入もなく、修繕や原状回復の際の業者指定によるサブリース会社の利益の上乗せ、売却の際に買い手がつきにくい等、オーナーにとってはデメリットも多いのです。契約内容にもよりますが、築古物件や駅から遠い物件等、競争力の乏しい物件以外で締結するのは得策ではないかもしれません。

オーナーにとって空き室は保証してもらうのではなく、「埋める」意識が大切です。空き室を管理会社にすべて任せるオーナーは多いですが、**「空き室が埋まった」ではなく、「空き室を埋めた」と言えるように**してみましょう。

以前、競売物件の資料を眺めていた際に、相場の6割ほどの賃料でマスターリース契約をサブリース会社と債務者（所有者）が締結していたのには驚きました。賃料相場がわからないのでしょうか、だからこそ安い賃料で採算がとれず、借入が返済できなくて競売となってしまったのでしょうか。

本来得られるはずの利益が得られないという意味では、**「サブリース契約を締結する」空き室対策も「キャッシュアウト」してしまいます。**

室内の壁紙にアクセントクロスをつける

アクセントクロスは通常の量産クロスと比較すれば割高です。また色や柄等は感性に左右される部分で、人によって圧迫感など感じ方はさまざまで、一概に空き室対策となるとは言い切れません。賃貸経営上のトラブルである騒音等が、人の感性により感じ方はさまざまなのと一緒です。ダークカラーが好きな人もいれば嫌いな人もいて、寒色や暖色、特定の色が好きな人もいれば嫌いな人もいる……一方で色に全く興味がない人もいて、風水を持ち出す方もいる……言い出したらキリがないくらいで、こういったものはリフォーム業者が少しでも利益を出したいがために考案するケースも多いのです。

色を選定するオーナー(管理会社)側の完全な主観であり、客観的要素が入っておらず、どちらかと言えば自己満足に近いようなものです。特定の色や柄が嫌いという人に運悪く当たった場合は完全に利益を逸失することになります。

外壁塗装にアクセントのラインを入れる方法は生活する「室内」ではないので、ある程度効果がありますが、壁紙は「室内」で、普段生活する場所であるため、色や柄の選択は難しいものです。

「キャッシュアウト」してでも壁紙にアクセントを入れたいのであれば、粘着剤付印刷化粧フィルム（ダイノックシートやリアテックシート等）を浴槽壁面に貼るのがお勧めです。浴槽壁面は汚れや劣化も目立つからです。その際は鏡を取り替えるタイミングで横に長い鏡を置くと見栄えがよくなります。

粘着剤付印刷化粧フィルムは、ほかにはドア・キッチン・収納の扉に貼るのもお勧めです。特殊な糊や水で綺麗に剥がせるタイプの場合、柄やデザインが嫌なら剥がせばいいだけ、というような使い方ができるのです。

「アクセントクロスをつける」空き室対策も「キャッシュアウト」してしまいます。

入居者にサンクスカードやウェルカムグッズをプレゼント

サンクスカードは若い人にはあまり受けがよくないようです。若い入居者に直接聞いた話では、そういうのは重くて嫌だと。デジタル化が進み、価値観が多様化している現代では、入居してから干渉されそうなことを嫌がり、警戒するのかもしれません。SNSとリアルな世界を分けて、リアルな世界で自由を求めている若者ほどその傾向は強いのでしょう。

ギフトカードやクオカードならまだしも、百円均一の入浴剤等のウェルカムグッズをもらったところで、表面的で、効果に影響はないでしょう。空き室が続けば続くほど、ウェルカムグッズにはホコリがかぶります。

管理会社に委託している場合と異なり、自主管理で物件巡回や清掃をされるオーナーもいますが、それ自体はよいことだと思います。ただ、入居者との距離は近すぎない方がいいです。「適度な距離感」がベストで、それを超えないことです。特に若い女性入居者に対して、オジサンの大家で距離感が近ければ警戒されることでしょう。

私も仲良くなった入居者が夜逃げをしたり、トラブルの被害にあった経験もありますので、「不動産賃貸業＝サービス業」、というビジネスの視点で、「適度な距離感」を保つようにしています。オーナーが入居者と関わりたいのであれば、シェアハウスの方がよいのではないでしょうか？

自主管理オーナーの気遣いはよいことなのですが、空回りする場合もあります。スリッパを置かれるオーナーもいますが、内見者が退出する際、スリッパを並べずに脱ぎ捨てたままにしていると、次の内見者にとって印象が悪いかと思います。そもそも仲介会社の担当者が案内する際にスリッパや巻き尺等を持参しない担当者はいないでしょう。

粗品代や労力（人件費）という意味では、**「サンクスカードやウェルカムグッズを設置する」空き室対策も「キャッシュアウト」してしまいます。**

部屋をショールーム化（ステージング）してください

室内のステージングは特にコストパフォーマンスの悪さが目立ちます。

家具や間接照明、観葉植物等の費用や保管場所、搬出入する労力（人件費）と交通費がかかります。空き室対策としてステージングのコストをかけるものでしょうか？

空き室だからやるということは裏を返せばブランドや競争力がないので、ブランドマンションのような効果があるとは思えません。もっとも、管理会社は有料プランとして収入になるので勧めるかもしれません。

特に現在は**「バーチャルステージング」**というサービスも提供されています。どうしてもイメージをよくしたくて室内のステージングをしたければ、有料ですが、家具付きモデルルームをCGで作成するサービスを利用する方が格安の金額で実現できます。ハイスピードかつ気軽に作り直してバリエーションを増やせるのです。賃貸物件を選ぶ入居者は、ほとんどが不動産賃貸ポータルサイトを見て選びますので、注目されるかと思います。

もしお金に余裕があるのであれば、コストパフォーマンスの高い設備のリニューアルを検討してはどうでしょうか。専有部分は「TVモニタ付インタフォン」、「LEDシーリング」、「室内洗濯機置場工事（室外からの変更）」、「二重サッシ」、「ディンプルキー」を、一棟の場合の共用部は、「防犯カメラ」、「宅配ボックス」、「ダストストッカー(24時間ゴミ出し可)」、「共用部LED照明」を導入してみましょう。不動産賃貸ポータルサイトの設備チェック欄と反響数で実験した結果、客付け戦略がしっかりしていれば、費用対効果は十分にあります。不動産賃貸ポータルサイトの反響とは関係ありませんが、「コンセントプレートの交換」や「照明スイッチを最新式に交換」も低コストの割には見た目の印象が変わり、費用対効果はあります。

「キッチン廻りの壁紙を『キッチンパネル』へ変更する」のも同様です。

「部屋をショールーム化（ステージング）する」空き室対策も「キャッシュアウト」してしまいます。

空き室が埋まらないから売却した方がよい。今なら高く売却できます

業者が売買による仲介手数料を儲けたいだけです。買い換えを検討しているのなら、相場が高ければ、高く売却しても、買い換える物件の購入価格も高くなります。物件の価値向上、客付け戦略を練っても空き室が埋まらないなら、最終的には仕方なく売却した方がよいのかもしれません。けれども、その場合の不動産投資は失敗と言えるでしょう。

将来長期的にインカムゲイン（家賃収入）を得られなくなるという意味では、**「空き室が埋まらないから売却する」対策は「キャッシュアウト」と同様です。**

社会的ニーズが、「入居率100％」を可能にする

根本的に空き室対策をするには、小手先ではなく、需要面、マーケティングをどう捉えていくか、というのが重要です。

時代の要請として、外国人入居者が日本で年々増加しています。現在、新型コロナウイルス感染症の影響で、日本へ入国する（できる）外国人が少なくなり、増加が止まっていますが、流行の終息後には外国人は増えるという状態が見込まれます。むしろ将来的に増えざるを得ない状況です。外国人は、賃貸需要があるターゲットといえる事実は揺るぎません。需要が増えていくのにもかかわらず、外国人たちは「住宅確保要配慮者」と呼ばれ、部屋を借りにくいのが実情です。

業者が言ってきがちな空き室対策は、業者が儲けたいから、という理由が大半です。社会的ニーズでもありません。皆様はお気づきでしょうか？

今まで述べたものはすべて**「キャッシュアウト」する空き室対策**なのです。賃貸経営は事業

ですので、キャッシュフローの改善は言うまでもなく、キャッシュアウトしないことが望ましいのです。空き室を埋めるためにキャッシュアウトするというのは「空き室が埋まらない＝一つの苦労」とすれば、「キャッシュアウト＝もう一つの苦労」が加わり、空き室が改善しなければ、「二重苦」なのです。

それに対して、**私がお伝えしたい、「外国人を大歓迎する」ことは、将来を考えれば考えるほど、増える社会的な需要に対してのもの**です。それでありながら市場にはまだ受け入れられていないわけです。

空き室もなければ、「キャッシュアウト」もしない、すなわちオーナーは満足します。部屋を借りることが歓迎される、ということは、外国人入居者も満足します。その後は……というような、「苦労の連鎖」ではない「Ｗｉｎの『ループ』」を生み出します。

さて次章からは、私が今まで実践してきた、賃貸経営の極意をお伝えしましょう。

第1章

すべての前提となる「CFP®認定者 田丸式・賃貸経営の極意」

「長期スパンを視野においた、小手先ではない、社会から求められる賃貸経営」、これが、オーナー・入居者・管理会社・さらには未来の入居者……といった、関係する人々すべてにとってプラスになり、社会貢献も達成でき、理想の経営を作り出す、私はそう思っています。

目の前の損得にとらわれない、本当の賃貸経営を目指しているからこそ、当社は60年以上不動産の世界でビジネスを続けられ、現在でも、「入居率１００％」を達成できているのだと自負しています。

それを実現する前提となるのが、当社が積み上げてきた**「賃貸経営の極意」**なのです。世間で語られている常識とは違うこともあるかもしれませんが、本当の意味での、賃貸経営の基本中の基本と自負しています。

まずは、考え方を理解していただくために、次ページからは、すべての前提となる、当社が築いてきた「賃貸経営の極意」についてお伝えしましょう。

「田丸式・賃貸経営の極意」その①
……立地は最重要～購入後に変更ができない！

当社も昔、地方物件を取り扱ったことはあります。地方の大きな一軒家や、大規模なスーパーに物件を貸していました。しかし「割に合わない」という結論に至り、売却しました。理由は二つあります。

一つ目は、空き室リスクです。東京はいまだに人口が増加しています。東京23区では２０３０年、都心３区（港区、千代田区、中央区）は２０４０年ほどまで人口が増加すると予想されています。新型コロナウイルス感染症の影響で、一時的にはテレワークや地方流入という状況も確かに生じています。けれども、いつかは終息し、その後も人口の東京一極集中という状況が続くのは間違いなく、他の日本の都市と比べて空き室リスクが非常に小さいです。それに対して、地方では、１年以上空き室が続くこともあり得ます。

賃料単価が安いことの問題

理由の二つ目は、修繕費等に対して、賃料が安いということです。設備が故障した際の修繕・交換費用や退去時の原状回復費用は、東京と地方で大きく異なるということはありません。

もちろん多少の差はありますが、賃料に比例するほどではないのです。

一方、賃料は、立地により大きく異なります。都心の駅前立地の賃料は高額ですが、修繕費等は、賃料と比べれば些細なものです。エアコンの本体価格が賃料によって変動することはないでしょう。

しかし、地方物件では、ワンルームマンションは家賃が3万円、などという安い賃料でないと借り手がない状態にもかかわらず、一度退去したら原状回復費用が家賃の何十倍にもなる場合があります。回収するのに1年以上かかり、空き室期間が東京よりはるかに長い、さらに家賃が安いため、属性の悪い方が入居したり、短期解約された場合は……「三重苦」や「四重苦」となってしまいます。

おまけに地方物件は駐車場を含めて、土地の面積が広いため、賃料と比べれば、固定資産税も低くはありません。

これでは賃貸経営を成り立たせるのが難しいのです。

賃料が安いことは仲介会社のモチベーションにも響きます。客付けがメインの賃貸仲介会社の儲けの多くは仲介手数料ですが、労力が変わらなければ、賃料が高い物件を優先します。

都内の物件は仲介手数料が高いため、仲介会社のモチベーションも上がりますし、都心部の仲介会社はコンビニエンスストアより多いと言われますので、仲介するための競争力（客付け機会）も高いのです。

利回りに踊らされて、立地の悪い物件を狙うのは、立地は変えることができないため、お勧めできません。

「田丸式・賃貸経営の極意」その②……賃貸経営の基本は管理にあり

区分所有マンションは管理で買え

「区分所有マンションは管理で買え」これは間違いないと言えます。区分所有マンションで建物管理会社に委託せずに自主管理をしている管理組合や、管理組合が機能していない区分所有建物は、いずれ廃墟化する可能性があります。

区分所有法上、「規約の変更」や「共用部分の変更」等の「重大な変更行為」は集会の特別決議として、「区分所有者及び議決権の各4分の3以上の多数による決議」が必要です。形状または効用の著しい変更を伴わない通常の大規模修繕工事等の「軽微な変更行為」は、集会の普通決議として、「区分所有者及び議決権の各過半数による決議」が必要です。

大規模修繕等が実施できなかったら最悪です。共用部分が水漏れのオンパレードとなるでしょう。コンクリートの爆裂を放置すれば、美観も損ないます。共用部分は皆で共用している以上、区分所有者自身の意思決定だけで物事を進められないのです。

一方、管理組合が杜撰に機能していた場合、総会決議事項の白紙委任等では監督がしづらいのです。ひどい場合は相見積りを実施せず、付き合いのある業者に大規模修繕等の工事を高額な費用で実施させて、管理組合役員等がバックマージンをもらったり、修繕積立金を横領する場合も起こり得るのです。大規模修繕費用を見積りさせたところ、他社の見積金額の何倍もすることもあります。

管理組合が機能していない場合、建物管理会社の言いなりになることも想定されます。雨樋塗装の剥がれや外装タイルの補修工事を建物管理会社の関連会社が工事する場合は、本来ロープアクセス工法等の無足場工法で安く済むものが、足場を仮設して工事を行うことにより補修費用が高額になったりもします。この場合は利益相反が問題となるのです。

私自身、国家資格である「マンション管理士」としてコンサルティングをしていますが、多くの**区分所有者が管理組合運営に興味がない場合に、管理組合を機能させる労力ほど大変なものはありません。購入時に管理組合が機能しているか、建物管理がしっかりなされているかの確認は必要不可欠なのです。**だからこそ「区分所有マンションは管理で買え」なのです。

賃貸管理会社次第ですべてが変わる

建物管理だけでなく、専有部分の賃貸管理も当然大切なものです。

当社では入居者から多く言われる言葉が、「早速の返信をありがとうございます」「深夜のご対応をありがとうございます」です。

クレームや修繕対応は賃貸管理の要《かなめ》ですが、心がけていることは「**賃料以上の対価**」の提供です。そうすれば入居者は転勤や卒業、介護、リストラ・廃業、トラブル等がなければ長期間にわたって入居し続けていただけます。

当社の賃貸物件では、居住用物件では単身用かどうかを問わず、15年・20年・25年以上入居されている方もいます。オフィスビルのテナントも平均20年以上入居され、90年代バブル期からの入居（年数にしておよそ30年近く）が3戸、平均入居年数は22年ほどという店舗ビルもあります。

賃貸管理会社の管理料は月額賃料の3％から8％くらいで、平均は5％ほどですが、管理料と管理のサービス・質は比例します。管理会社によっては24時間365日の対応は、別途オプション料が発生する場合もあります。

お勧めしたいのは「カスタム管理」です。たとえば、賃貸管理会社は賃貸借契約書ではオーナーから特段の要望がなければ、業界標準のひな型や国土交通省推薦のひな型を使用するでしょう。

けれども**賃貸借契約書をカスタムメイドできれば、オーナーは賃貸経営で有利となります。**カスタムメイドの賃貸借契約書作成は労力がかかりますので、安い管理料の場合は対応してくれないところがあるかもしれません。

賃貸管理会社によってはオーナーの希望により、特殊工事が不要である通常の鍵交換は鍵業者に委託せずに、賃貸管理会社の担当者自身で実施するケースもあります。鍵交換費用を鍵の仕入れ値に近い料金でサービスして、入居初期費用も抑えていて集客に強く、オーナーからは好評です。このようなカスタムメイドの対応をして差別化している管理会社を選ぶのもオーナーにとってはメリットがあります。

管理の質が悪く、入居者がすぐに退去しては管理料が安くても意味がありません。**管理料が「安かろう、悪かろう」にならないようにすることが賃貸経営で成功する秘訣**です。

対応スピードの速さは顧客満足度に直結する

対応スピードの速さというのは、相手の不安感、不信感を払拭してくれる効果があります。

当社では、賃貸経営における入居者の満足度調査を行っているのですが、「対応が速い点を評価する」という項目に必ず満点のチェックが入ります。中小企業で会社の規模が小さいため、意思決定を含め、早く動けるからでしょうか。大企業になるほど、情報伝達に階層ができて、伝達に時間がかかってしまうという事情はわかりますが、それでもなるべく早く動いてほしいと思うのは当然です。

クレームへの対応が速いだけで、顧客満足度は上げられます。せっかく入居者を見つけても、すぐに退去するという状況が続いてしまっているなら、クレームの対応に原因があるかもしれません。当社の物件の入居者は契約更新率が高く、その理由としてたびたび言っていただけるのが、「クレームの対応が速くて信頼ができるから」という言葉です。

都内の物件で居住用・事業用ともに10年入居、15年入居、20年入居、25年入居、30年入居、と長期入居者が多いのは珍しいことだと思います。

長期入居していただけることは賃貸経営の成功の何よりの秘訣です。そして長期入居に貢献するのが管理なのです。

最近は入居者に長く住んでもらい、退去を減らす戦略を「テナントリテンション」と呼んだりもしています。更新料を免除したり、入居者にプレゼントをしたりするケースも見られますが、「『キャッシュアウト』するテナントリテンション」よりも **「『キャッシュアウト』しないテナントリテンション」を練るべき**です。クレーム対応の質や対応スピードの向上等、入居者満足度を向上させるテナントリテンションは、口コミも含めて着実に効果が出る一方で、費用がかかりません。管理を徹底して顧客満足を向上させることが「『キャッシュアウト』しないテナントリテンション」につながるのです。

業者が信用できない、それなら自主管理をすれば、というと……

自主管理されている方は結構いらっしゃいますが、自主管理を知識や経験のないままにやると、失敗する可能性が高いです。

不動産というのは、管理業務だけでも、膨大な知識と経験、人脈が必要です。軽く見ている人も多いのですが、法律、財務、税務、管理、建築・リフォーム、と、それぞれにおいて士業や工事業者等、専門家とのネットワークを構築し、相当の部門がある会社を経営しているようなものです。それを自分一人で自主管理を行うというのは大変難しいのです。管理料にこだわらず、知識と経験があって、良心的な業者を時間をかけて探して任せるのがよいでしょう。

【参考】賃貸住宅管理業法：賃貸住宅管理業の登録制度と優良な管理業者

令和3年6月15日に「賃貸住宅の管理業務等の適正化に関する法律（賃貸住宅管理業法）」が施行され、賃貸住宅管理業者と特定転貸事業者（サブリース事業者）が規制の対象となりました。

管理戸数200戸未満を除き、賃貸住宅管理業を営む者に係る登録制度（5年ごとの更新）を設けて、国土交通大臣の登録が義務化されたのです。もっとも、管理戸数が200戸未満の管理業者も「登録を受けることが望ましい」とされて、任意登録となっています。

事務所ごとに、業務管理者（賃貸不動産経営管理士や宅地建物取引士等の賃貸住宅の管理に関する知識・経験等を有する一定の資格者）を選任し配置すること、管理受託契約締結前の重要事項説明等も義務化されました。

同法では次に、サブリース事業者・勧誘者に特定賃貸借契約（いわゆるマスターリース契約）締結前の重要事項説明の義務化と、不当な勧誘行為・誇大広告の禁止等の規制措置を設けています。ガイドラインでは、特定賃貸借契約締結前の重要事項説明は「賃貸不動産経営管理士」がすることが望ましいとされています。

「賃貸住宅管理業法」の制度に登録した業者は、法律を遵守しなければ、罰則の対象となり、今後は賃貸管理業者においては、悪徳業者が淘汰されていくものと思われます。

「田丸式・賃貸経営の極意」その③
……不動産は、税制的に短期売買に向いていない

「不動産は、短期売買には向いていない」

大きな理由として、法人を除き、個人が不動産を譲渡した時に発生する譲渡益は譲渡所得となり、譲渡した年の1月1日現在の所有期間が5年以下の土地・建物を売却した時の税額は39・63％という高額の税金がかかるからです。

また、不動産は売るにも買うにもさまざまな費用がかかります。特に購入する場合は、仲介手数料、登録免許税、不動産取得税、司法書士報酬、などといったさまざまなものが発生します。ですから、不動産は必ず、長期視点の中で、大きな変動があった時に、「売るか売らないか」を考えるのがセオリーです。

キャピタルゲインを求めて売る人は多いですが、購入時期の相場が適切でないと難しいです。キャピタルゲインは購入時期がすべてと言っても過言ではありません。アベノミクスが始まった2012年以前で収益物件を購入すれば、保有しているだけでキャピタルゲインは狙えます。それ自体に技術がいるわけでもありません。物件価格が高騰している現在でキャピタルゲインを狙うのは仕入れ業者のようなプロであり、一般の個人投資家では厳しいでしょう。不動産投

資の本質はインカムゲインであり、キャピタルゲインは目的ではなく、タイミングがよければ売るというスタンスが望ましいです。**キャピタルゲインを得たいのであれば、値動きの変動の大きい、株式投資の方がよほど効率がよいです**（詳しくは109ページのコラム②参照）。

「田丸式・賃貸経営の極意」その④ ……意外と知らない!? 儲かる不動産の買い方

現在、不動産は、買い時ではありません。理由は、不動産価格が高騰しすぎているからです。なぜ不動産価格が高いままなのか、理由はいろいろ考えられますが、異次元の金融緩和で日銀以外にも海外の機関投資家・富裕層が、日本の不動産は相対的に割安だからと判断して購入して、買い支えていることも理由の一つです。

現在の日本は新型コロナウイルス感染症の流行により、企業の売れ行きが悪くなっていて、「カボチャの馬車」の事件以降、金融機関の収益不動産に対する融資姿勢が慎重になっているという状況です。この状況では不動産を購入する人が少なくなるはずですが、実際は外国人投資家が狙い続けています。日本は海外に比べれば、新型コロナウイルス感染症の感染者数が少なくて、景気の回復が早く、世界の主要都市の中では相対的に割安だからチャンスと考えて、購入しているわけです。

景気の良し悪しにかかわらず出る、優良物件を狙う

景気の良し悪しとは別に、どんな状況でも、割安の物件は必ずあります。相続、戦略上の観点から手放すことになった企業の物件、企業の業績・決算タイミング、不動産業者による在庫の圧縮、転売目的で購入を試みたものの売れずに、短期借入金の返済に追われている、などの理由による**「売り急ぎ案件」**と言われるものです。

たとえば、不動産価格は、通常は3ヶ月程度のスパンでは大きく価格変動はしません。しかし、中には数週間単位という短いスパンで値を下げているものがあり、売り急いでいる、お得な物件であることがわかります。「売り急ぎ案件」を狙うというのは、賢い考え方です。

購入する時に、フルローンでの購入は避ける

さて、優良物件を見つけて、いざ買おうという時、ある程度、頭金として支払うのは戦略として大事です。

フルローンについては避けるのが賢明です。当社が60年賃貸経営を続け、90年代バブル崩壊やリーマンショック、東日本大震災、新型コロナウイルス感染症の流行等、多くの経験をしてきたことから考えれば、長期間フルローンを行って成功するかといったら「まず厳しい」と言

い切れます。上手くいった人は、相当に長い間、運に恵まれ続けた、という極めて稀な場合に限られるでしょう。

特に「カボチャの馬車」事件以前の金融緩和時代では、審査が緩く、金融機関側としても、できれば貸し出ししたかったのでしょう。実際には返済できる能力がない、大不況に耐えられない属性にもかかわらず、フルローンで審査は通ってしまう、という状況になりがちでした。

金融機関という信用ある組織の審査が通ると、投資家は事業としての成功が保証されたと思ってしまいがちですが、審査は審査であり、審査が通ったから返済ができるというわけではないのです。頭金を求めるのが本来の金融機関の正常な貸出スタンスであり、フルローンというのは金融緩和時代の一時的なブームのような気がします。

本来、不動産投資は「相続対策が必要な富裕層が頭金を出して行うもの」と認識されていたところ、「高所得者でないサラリーマンがフルローンで可能」とブームが沸き起こり、変化してきましたが、後者は常に続くものではなく、「カボチャの馬車」事件以降の現在は「前者」に戻りつつあります。

なお、90年代バブルでも、キャピタルゲイン狙いの同様のブームがありましたので、歴史は繰り返すというのは本当のようです。

頭金があるというのは、相続や宝くじ等の特別な事情を除き、稼ぐ能力があるか、お金を貯める節約能力があるかを意味します。頭金を用意できない状態でローンを組むのは稼ぐ能力がない、または、お金を貯める節約能力がないのに借入れをするということです。

フルローンは経済情勢が安定している時は何とかなるものですが、90年代バブル崩壊やリーマンショックのような大不況に陥った場合は真っ先に地獄を見ます。リーマンショック後の競売や任意売却の件数等の状況を知れば、よく理解できるのではないでしょうか。事業経営と同じで、**投資は将来を見るもの**です。新型コロナウイルス感染症の流行も当てはまりますが、将来、世界的大不況・大震災等が起きないとは言い切れない以上、フルローンは避けましょう。

頭金は「購入金額の3割」が鉄則

「頭金は購入金額の3割」……私はこれを遵守しています。

その理由は、この先「世の中、何が起こるかわからない」からです。極論を言えば、新耐震基準を満たしている物件であったとしても、その基準を超えた地震が起きて、全壊するかもしれません。リスクとリターンの取り方は、投資家により違います。短期で買い急がない長期的な資産運用をする投資家は頭金を4割、リスクを取りたくないなら5割とする投資家もいます。

3割というのは、経験則からの数字ですが、この数字なら、物件や立地、購入時期を間違えなければ、キャッシュフローはプラスになり、予想し得ない事象に耐えうるギリギリのライン

となるでしょう。万一、返済初期の頃に不測の事態が起こったとしても、残債が売却価格以下であれば、リスクを大幅に減らすことができます。

保有する現金を頭金にせず、手元資金として残しておいた方がよいという考え方もあります。事業の観点では手元の現金は厚い方がよいのですが、手元資金を物件の返済資金だけに充てることを遵守できないのであれば、浪費してしまう可能性があります。

〝頭金をある程度入れた上で、キャッシュも手厚く手元に留保できるようにする〟のが、リスクを抑えた賢い方法と言えます。

CFP®認定者として住宅ローン・アパートローンで失敗している人の事例を見てきた中で、頭金3割以上のローンを組まれた方で競売・任意売却となった事例は今のところ、見たことがありません。

融資の引締時こそ不動産の買い時

購入時期は立地と同様、後から変更できないため重要となります。

不動産は普通の商品と違って、金融機関の融資を利用する場合が多いでしょう。不景気等で融資が引き締められると、自然と融資を利用して購入する層が減ります。すると、不動産価格は需給関係から低下します。そのような見方で**金融機関の融資が引き締められている時に、物**

件を買うのは賢いと言えます。融資が引き締められているとはいえ、資産背景がある資産家や高属性の富裕層、多額の頭金を用意できるサラリーマンは低金利での融資も可能です。特に金融機関は、自己資金がある方はお金をコントロールする力があると見て、好印象でしょう。

当社は、10年以上もの間、無借金経営でしたが、融資が引き締められた時ほど、他に貸し出すところがないのでしょうか、「融資させてください」とメガバンク、地方銀行や信用金庫の支店長や担当者が融資の営業目的で頻繁に訪問に来られます。信用金庫は通常、エリアが決まっているのですが、どういうわけか、二駅先の信用金庫の担当者が初訪問されたこともあったくらいでした。そのような状況では、好条件での融資の引き出しが可能となるでしょう。

物件相場が高騰していても、金利が安ければいいのでは、という考え方もあります。金利だけに着目すればその通りですが、物件の「質」に着目すれば大きな差となります。金利が安く相場が高騰している時期では競争も激しく、優良物件はプロである不動産業者が先に購入し、一般の投資家には出回ってこないことも多いのです。

逆に、融資が引き締められた相場のもとでは、購入層が限られ、不動産業者は在庫を投げ売りしますし、売り急ぎ案件は小刻みに値下げしても、売却が難しい状況です。すなわち、駅前の商業ビル等の優良物件が、ライバルが少ない状態で出回るのは融資が引き締められた時なのです。

そのため、**不動産高騰時期は物件を購入せず、来るべき時まで様子見として何もせず、キャッシュを貯めるというのも立派な戦略です。**その後、不動産価格が下がった融資引き締め時期に攻めに出れば、物件の「質」の観点からも成功しやすいでしょう。

株式投資でいう「逆張り」に近いスタンスかもしれません。長期的に成功している不動産投資家はこのタイプが多いです。**不動産投資にかかわらず、株式投資も、金による資産運用も、価格がボトムの時期、「購入時期」が投資では何よりも大切**なのです。

割安物件は、こうやって見つける

一般の投資家が、割安物件を見つけるためには**「非公開物件」**を入手するのがお勧めです。

一般の投資家に情報が出回る物件は割高で、プロの不動産業者が購入しないという意味で「出回り物件」と言われます。媒介（仲介）の取引態様が「一般媒介」で、収益物件情報サイトに同じ写真がいくつもあり、長い場合は2年以上掲載されていますが、正直あまり買わないほうがいいです。さまざまな事情により、「売り出しています」という情報を広く公開したくないと希望するオーナーもいて、非公開物件の数は多いのです。

本物の「非公開物件」の情報は水面下情報として、まず業者内で回り、業者間で購入しない場合は次に富裕層や、頭金があり、借入審査が通過する見込みのある上客に回ります。宅建業者しか見られない国土交通大臣の指定を受けた「不動産流通機構」が運営しているコンピューターネットワークシステム「REINS」に公開される前の物件です。

逆に**注意しなければならないのは偽物の「非公開物件」**です。情報を公開したばかりの物件で、まだ多くの人に見られていないという意味で用いたり、ひどいケースでは知識のない投資家である客をカモとして、「非公開物件」と言えば食いつく、とする悪徳な業者もいます。

このようなケースでは実はお買い得な「本物の非公開物件」を業者が買取った上で、利益を上乗せして、「非公開物件」として転売しているケースが見られます。見破る方法としては不動産登記事項証明書を取得して、情報公開される直前に不動産業者が取得していないか、所有者と売主が違うか、「第三者のためにする契約でないか（いわゆる「三為業者」ではないか）」等を調べることで解決します。

ある日、全く付き合いのない業者から、「社長、『非公開物件』の情報をお持ちしました。2億5千万円です。購入しませんか？」と言われ、物件概要書を見ると、都心部の駅近、商業地域で明治通り沿いのデザイン性のあるSRC造のオフィスビルでした。実はこれは以前に付き合いのある業者の水面下での情報ネットワークから2億円で紹介されたものでした。

当時この物件はすぐに現地確認をして、その場で電話をかけたら、すでに現金買いで買付証明を入れられていました。まさに「本物の非公開物件」と「偽物の非公開物件」の事例としてわかりやすいものです。

また**「(専属)専任媒介」**の物件も狙い目です。依頼者が他の業者に重複して媒介を依頼できないという条件で扱われる物件で、優良物件が多い傾向があります。(専属)専任媒介物件は、依頼者と取り扱っている会社が密な関係にある場合が多く、数々の交渉がしやすいのです。

本物の「非公開物件」の情報を得ても安心してはいけません。優良物件は、スピード勝負です。朝に情報をもらい、「お買い得だ」と思って、午後になったら買われている、などというのは頻繁に起こることです。

利回りは、リスクとのバランス、低くてもあきらめない

投資の概念では、「利回りが高い＝リスクが高い」ということになります。リスクプレミアム分が付加されるからリターンである利回りが高くなるのです。

具体的な例を出すと、地方は利回り20%の物件がしばしばありますが、港区、中央区、千代田区、これら都心3区では現在は5%もいかない、4%ほどが平均です。しかし、新型コロナウイルス感染症の影響や大震災等、未曽有の事態を除けば、空き室が発生する可能性は相当低いです。すなわちリスクが低い分、リターンも低いのです。利回り20%という数字は魅力的ですが、リスクも高いのです。数字に見えない部分を調べてみると、いろいろな問題が見えてく

るでしょう。たとえば、地盤や周辺環境がどうなっているのか、調べてみると危険ばかりだった、というのもよくあります。競売物件でも同様のことが言えます。

リスクなしでリターン大という物件は通常はあり得ません。リスクとリターンのバランスは、常に取れているのです。

また利回りが一見低くても、相場より賃料が低い場合があります。オーナーに借入がないケース等、相場より賃料が安い物件というのも実は多いものです。そのような物件はテナントが退去された際や賃料増額交渉により、後で賃料アップを望むことができます。

利回りは賃料収入から求めますので、賃料収入が上がれば利回りはアップします。そのため、収益物件情報サイトで物件を探す際に、「利回りは何%以上」と、スクリーニングせずに、**利回りが低くても賃料を上げられる可能性がある**ことを常に意識しましょう。

まず立地等、物件が優良かどうかを第一に判断し、賃料が極端に低い場合は増額して、利回りを後から上げればよいのです。

「田丸式・賃貸経営の極意」その⑤
……競売・任意売却物件を狙う

競売での価格は時期さえ間違わなければ安く、お得です。現在のように市場価格が高騰して

いる時期は再販業者が多数参加し、競売でも落札価格が高騰しやすいのです。場合によっては市場価格を超えるケースも出てきます。駅前立地の優良物件が市場で売りに出されれば、早い者勝ちで、すぐに成約されますが、競売の場合はそれができないからです。業者間の入札方式による買付と同じような状況となるわけです。

別の見方をすれば、駅前立地等の優良物件は水面下で取引されて、早い者勝ち状態となり、一般の投資家に情報が回らないことが多いのですが、競売物件では駅前立地等の物件も、任意売却に流れる等の「取下《とりさげ》」がなければ、買受希望者は早い者勝ちでなく、公平に入札できることになります。

競売で落とせる価格の平均は、市場価格の7割程度と言われますし、リーマンショックなど不況時には、ライバルとなるプロの不動産・再販業者による入札も少なく、6割程度になることもありました。安い時期を選べば、非常にお得に物件を購入できます。

また、取り扱う金融機関は少ないですが、制度改正により、現在は「競売ローン」も組むことが可能となっています。そのため、競売も収益物件の購入手段の一つとなっています。

競売は購入時の初期費用が抑えられる

競売での取引では、仲介手数料が発生しません。たとえば、1億円のビルの取引では、仲介手数料は通常3％に6万円と消費税を加えた336万6千円が発生しますが、その金額がかからないのです。他にも落札した場合の所有権移転登記は、裁判所から法務局への「嘱託登記」のため、司法書士の報酬も不要です。売買価格が時期によっては7割になって、仲介手数料等がかからない、というのは大変お買い得と言えます。

意外な「競売のリスク」に注意

競売参加時に、意外と多いリスクが「書き間違い」です。入札書を書く時、ウソみたいな本当の話で、入札額の桁を一つ間違える、つまり1000万円と書いたつもりが、1000万円になっていた、ということが起こります。これはどんな理由があっても訂正できないため、その額で入札しなければなりません。100万円相当の物件に、1000万円で入札すれば、まず落札できてしまいます。落札価額で期限までに支払えなければ、参加資格が剥奪された上で、入札するための保証金となる売却基準価額の2割の金額が没収されます。売却基準価額が100万円だったとしたら、書き間違いをしただけで、物件を取得できない上に、20万円を払わされるわけです。

二つ目のリスクとして、明渡しリスクがあります。昔は、暴力団員が居座ることもありました。以前は民法395条の「短期賃貸借保護制度」があって、占有屋を守る形になってしまっていたのですが、制度改正が行われ、廃止されたのが大きいです。さらに、令和2年4月1日施行の民事執行法改正により、「入札者等が暴力団員等に該当しない」という陳述書を提出しなければ、競売に参加できなくなったので、**競売といえば暴力団というのは、もうだいぶ昔の話**です。

それでも、債務者が本当に出ていくお金もなくなったために居座るしかない、という状況はあります。「引渡命令」という通常の明渡訴訟と比べて簡易迅速的な手続きがありますが、最終的に強制執行が行われる、というトラブルは、債務者等の占有者がいるケースだと一定数生じます。そういう場合はまずは話し合いをしましょう。落札者が引越費用を負担して債務者が自ら引越してもらえるのが一番よいのです。落札者からすれば引越費用と強制執行費用なら、引越費用のほうが断然安くなります。債務者にとっても強制的に追い出されるよりは自身の都合で引越費用をもらって退去する方がよいのです。

ワンルーム物件でも、強制執行費用だけでだいたい数十万円、ゴミ屋敷の場合は100万円くらいかかります。引越費用ならそれよりも安く済みますから、交渉してみましょう。

三つ目のリスクとして、「取下《とりさげ》リスク」があります。改札期日の前に**競売物件が取り下げられるというパターンが最近増えています。**

私がつい最近チャレンジした競売案件も、続けて3件、改札日の5日前に取り下げられました。おそらく、任意売却に持っていかれたのだと思います。その理由は、債務者からすると任意売却の方が得だからです。商業ビルに特に多いです。

債務者にとって、任意売却の方が強制的に売られないため、スケジュールの確保ができ、自由が利きますし、競売で落札された場合は、引渡命令が出されたりしたら、すぐ退去しなければならなくなる、などマイナス要素が多いのです。

任意売却であれば、債権者が売却額の中から、入居者である債務者に、引越費用を負担するという慣例があるので、債務者が出ていきやすいのです。

競売では、入札資料に、「最低売却価額」というものが明記されます。金融機関は高い価格で債務者の抵当物件を売却してほしいので、これがあまりに低いと判断されれば任意売却に持っていかれます。「最低売却価額」が判明してから任意売却にするか検討する金融機関もありますが、入札者側からすれば知る方法がありません。

今後は、競売の落札件数が減少し、任意売却の物件が増えていくことが予測されます。

競売を経験し、不動産を学ぶ

投資家目線で考えると、競売で入札を経験するのはよいことだと思います。**競売の3点セットと言われる、「物件明細書」、「現況調査報告書」、「評価書」、これらは不動産の事実情報の宝**

庫であり、投資家にとって非常に役立つ教科書になります。

たとえば、固定資産税、都市計画税の額や地代などは通常、所有者や借地権者、代理人等の関係者でなければわかりませんが、競売の物件明細書には記載されています。他にも、立地、間取りはもちろん、管理費、修繕積立金、実際の賃料、地価公示価格、占有権、抵当権の優劣、公法上の規制、セットバック等の接面道路状況、建ぺい率・容積率オーバー、修繕・事故履歴、暴力団情報、積算評価やDCF法（収益評価）……等がわかるのです。

さらにサブリースであるかどうか、転貸料、賃料の増減額の履歴までが明記されています。これらの情報は、執行官及び不動産鑑定士の資格を持っている評価人が提供したものです。自分で物件を買う時、適切な売買価格なのか、賃料はいくらに設定すればいいのかという、**生でリアルの情報が学べる**ということを意味します。

ただし、公信力はないため、記載事項が本当に正確かの保証はされず、裁判所側は一切責任を負わないため、完全な自己責任で情報を取得する必要はあります。

競売物件の情報は無料です。**「BIT（不動産競売物件情報サイト）」**という裁判所のウェブサイトで簡単に入手できますから、経験が少ない投資家の最初の勉強法としてお勧めできます。たとえば、東京都杉並区ならば杉並区の狙っている場所の一定期間の競売データを保管して、生の資料として活用し、競売シミュレーションを行う、という訓練をすることができます。

また競売の入札者数により不動産市場の過熱状況を知ることもできます。

「ＢＩＴ」は競売手続きをはじめ、用語の解説等、競売に関しての情報が網羅されていて、ウェブサイトを一通り閲覧するだけでも役に立ちます。

なお競売は民事執行法という馴染みのない法律を中心とするため、通常の宅建業者や宅地建物取引士では慣れている方は少ないという印象があります。

任意売却は水面下での情報ネットワーク網が大切

当社が運営する店舗ビルの一つは、任意売却案件で土地だけの価額で購入したようなものです。

任意売却は市場価格の8～9割ほどで購入できます。購入物件を引き継いだ際の経費率は高いものでした。清掃費用も高いですし、集中検針システムも維持費が高額でした。業者を変更して清掃費用を半額（相場）にする等、経費率を削減し、不要な集中検針システムも廃止しました。検針システムは10年に一度の交換とされていますが、交換費用が１００万円以上かかります。検針業務を委託してもそれほど費用がかかるわけでもありません。

経費率が高いから、キャッシュが貯まらずに任意売却となったのではないか、とも思えるケースもあり、任意売却物件は購入価格が安いだけでなく、購入後に業者変更したり、設備を刷新すれば賃料アップを望める場合もあるのです。賃料アップすれば、最終的に売却する場合でも、売却価格が上がり、キャピタルゲインが狙えるので物件購入の選択肢としては得策でしょう。

任意売却は情報が広く公開されないようにするため、通常は専属専任媒介での案件となります。誰もがアクセスできる民間の収益物件情報サイトではあまり公開されず、REINSや販売図面上では売却理由など、任意売却であることは表に出てこない場合が多いです。

特に任意売却で、売主が破産管財人となる破産管財人案件では、公正を期すために、入札方式を採用しますが、「現況有姿、境界非明示、契約不適合責任免責、ローン特約不可、私道・掘削承諾書なし」等がセットでの条件となります。通常、参加するのは業者のみとなりますが、買主からの違約金請求が不可であったり、売主側の裁量が強力で、買主は通常リスクを伴います。最低入札価額は低いですが、市場価格が高い時は、競売同様、高騰しやすいのです。多くの場合、任意売却で業者が購入した物件が転売されて、一般の不動産投資家に利益を上乗せして出回ります。

任意売却物件は広く公開されない分、ネットワーク網の構築が欠かせません。

また競売と異なり、任意売却物件は仲介手数料が発生します。競売と任意売却物件を比較すれば、通常は購入価額は競売の方が安いので、リスクとリターンの関係に似ています。競売の方がより、ハイリスク・ハイリターンとなるわけです。

任意売却物件と市場流通物件を比較すれば、任意売却物件には金融機関によっては借入による購入を不可とするケースもありますが、それ以外では特にデメリットはないでしょう。

競売よりは時間もかからず、急いでいる場合等、債務者にとっても十分メリットになるので、債務者を救う意味で投資家は積極的にチャレンジしてよいと思います。

競売にしろ、任意売却にしろ、借入が返済できなくなった場合の制度や取引方法なので、同じく借入をして物件を購入してきた不動産投資家にとっては、自身に起こりうる可能性がゼロではないのです。収益物件の謄本を追ってみると、区分所有マンションにしろ、一棟ビルにしろ、「裁判所競売開始決定」と登記記録に記載されているのが目立ちます。特に収益ビルは高確率で競売履歴を見かけますので、**不動産投資でローン返済ができない方が多数いる**事実が読み取れます。競売も任意売却も知識として覚えておくのも損はないでしょう。

「田丸式・賃貸経営の極意」その⑥
……修繕費は借主(入居者)が加入する家財保険でカバーする

賃貸経営において、借主(入居者)が加入する「家財保険」は軽く見られがちです。ここに注目しているかどうかは、賃貸経営実務に大きな差が出ます。**賃貸経営を行う上で、家財保険**

は確実に必要です。ここでは、少額短期保険を中心とする「家財保険」に「借家人賠償責任補償」及び「個人賠償責任補償」を特約付きでセットで契約する前提としてお話しします。

居住用マンション、アパートで温度差によって生じる**「窓ガラスの熱割れ」**は発生頻度がとても多いです。外部からの傷がなく、エッジから直角に走り、蛇行してひび割れるので、今はAI判定を用いて、ひと目でわかります。自然現象ですから、借主側の責任にならず、交換する場合はオーナーが交換費用を支払います。

一棟を保有する場合、一枚ではなく同時または同時期に数枚割れるというケースも多く、仮にひび割れが一枚だったとしても、しばらくしてもう一枚がひび割れを起こす「熱割れのオンパレード」も見られます。窓ガラスの交換費用は大きさにもよりますが、数万円はかかってしまいます。家賃が低いほど痛い出費になりますが、借主が家財保険に加入していれば、補償されます。

ほかに起こりうるケースとして**「洗面器の破損」**があります。化粧品の瓶を落とした、ココナッツ瓶を落とした、転倒したなど、理由はさまざまです。丈夫そうに見えますが、結構壊れるものなのです。通常、修理ではなく交換となりますが、補償されます。

ここ最近の傾向で「ワイドプラン」などと呼ばれる「補償拡大特約」付きの保険プランが注目されています。その内容は、2年間（または1年間）で数千円程度のオプション価格を追加

で払うことで、借家人賠償責任補償等を手厚くする、というものです。保険会社によって名称は異なり、少額短期保険ではない、借主用の火災保険、総合保険等はベーシックプランに含まれている場合もあります。

たとえば、借主が家具を倒したりとか、仲間うちでの引越しで壁に穴を開けたり、というのはケースとして相当多いです。家財保険に加入していても、ノーマルプランでは多くのケースでは保険が適用できません。家財保険の通常の「借家人賠償責任補償特約」は保険会社によっては火災、爆発、破裂、水漏れ事故に限定して補償するケースもあり、不測かつ突発的な事故である壁の穴の損害は保険金支払いの対象とはならないのです。

オーナーが請求しても、借主が払わなければ泣き寝入りするしかありません。かといって、直さないわけにもいきません。2年間（または1年間）で数千円追加するだけで、そういったケースでも「故意」の場合を除き、補償されるのですから、ここまで費用対効果の高いものは、そうそうありません。

オプションの知識どころか、家財保険を活用しようとする方が少ないと感じます。管理会社からすると「家財保険から出なくても、借主（入居者）あるいはオーナーが払えばいいから」となりがちです。

管理会社自身は負担になりませんから、退去時に借主が壁に穴を開けたケースで原状回復費用を借主に請求するだけで終わり、家財保険が有効利用されなかったというケースは多々あります。「窓ガラスの熱割れ」にしても、借主が退去（保険を解約）してから気づいても遅いのです。

ですから、自分の利用している管理会社が、どのような家財保険を勧めているか、オプションの適用があるかどうか、原状回復の際や熱割れの際の対応はどうか、といった事項をチェックしておくと、何かあった時の対応力に大きな違いが出るのです。もっとも、保険商品の選択は借主の自由です。

オーナーは知識として知らなければそれまでですが、原状回復の時に、不動産会社から「入居者が誤って壁に穴を開けましたが、借主が支払わないのでオーナーさん、払ってください」と言われても、「それ、家財保険の『借家人賠償責任補償拡大特約』から支払われますよね」と言えるようになるわけです。

水漏れは場合によっては高額な損害賠償額となる

水漏れによる被害も大きいです。単身用の区分所有マンションの入居者から、「上の階から水漏れがする」と連絡を受け、駆けつけた際は、室内は水漏れが激しく、とても入居できるような状況ではありませんでした。

以前から少量でも水漏れが発生し続けていたようで、見えない部分がカビだらけで、調査したところ、壁クロスの張替えで済むようなレベルではありませんでした。上階の借主（入居者）が加入する家財保険の「個人賠償責任補償特約」のおかげで、入居者の仮住まい（ホテル代）費用、フルスケルトンリフォームまで実施していただけました。

内側のカビが広範囲にわたっていたため、3点ユニットのバス・洗面・トイレもすべて新品にしていただいて、通常、総額300万円は下回らない金額だったかと思います。

借主（入居者）が加入する家財保険は「必須」

ここまで説明してきた通り、家財保険は、契約時の加入及び契約更新時は実務上「必要不可欠」です。ただ、加入は任意であり、基本的に借主（入居者）に強制はできません。

とはいえ、チラシに「家財保険必須」と書いて、半強制というか「保険に加入しないならお貸しできません」という言い方は賃貸条件であって違法ではありませんから、通常、入居時は借主が加入しないケースは少ないと思われます。

問題は契約更新時です。家財保険の契約更新は任意であり、強制はできません。契約書に家財保険の2年（または1年）ごとの更新を義務付ける文言を設けて、管理会社とオーナーが「払いなさい」と言っても、家賃滞納のない借主に「嫌です」と言われればそれまでです。借地借家法による借主保護のもとでは、それを理由に契約解除をするのは難しいでしょう。

だから払わない人もいて、当社の物件でも大体1割ぐらいはいます。もっとも契約書に家財保険の更新を義務付ける文言を記載しておけば、素直な借主なら契約書に記載してあることで、支払ってもらえるでしょう。

高確率で、借主が誤って壁に穴を開けるとか、引越し時に傷付ける、ということは起きます。当社でも、あまりに多いものですから、退去の連絡時には「引越しだけは引越業者を使ってください」とか「もし個人で引越作業をやる場合は、念入りに養生をお願いします」と、念押しするくらいです。それでも立会時に、壁に穴が開いていたりとか、引っかき傷が付いていることがあります。

その時に、ワイドプラン等のオプションに入っていれば、「意図的に傷付けたわけではないので、家財保険の『借家人賠償責任補償拡大特約』で支払われますから」で終わります。加入していなかったら、「これ、払ってくださいね」「いや、払えないです」というトラブルも起こり得るのです。

保険というのは通常、あまり起きない偶然の事故を想定するものです。しかし家財保険の「借家人賠償責任補償拡大特約」に関係した内容の損傷は結構な頻度で起きます。ですから必須と言えるのです。

リスクマネジメントは確実に

借主（入居者）が加入する家財保険について述べましたが、オーナーが加入する**火災保険（住宅総合保険）も必要**です。

当社では、長年の賃貸経営の経験から、火災保険パンフレットに記載される大半の事故を経験しました。河川氾濫による本社ビルの床上浸水もありました。水漏れ、車の飛込や衝突、飛来物の落下、風災、盗難による損害、電気的・機械的事故、火災や2年連続の放火の被害も経験しました。東京でありながらの雪害や、気温がマイナス5度になった時に、水道管が破裂してマンションの揚水ポンプが壊れたこともありました。噴火、津波、落雷と破裂、爆発、騒じょう以外はすべて経験しています。

水漏れは、漏水調査をしても一度では原因が特定できないケースも多々あります。場合によっては漏水箇所を解体して、水漏れ跡を追っていく作業も必要となります。

予想し得ない天災・事故はいつ来るかわからず、予防するのも難しく、多大な負担につながりますから、手堅い保険プランに加入しましょう。

「契約者または被保険者の故意、重大な過失または法令違反」の場合は、「免責」事由に該当し、家財保険の補償対象となりませんので、**借主（入居者）が重大な過失で火事を起こした場**

合や、放火をした場合は、借主が加入する家財保険の適用外となります。オーナー側が加入する建物火災保険からでしか支払われません。

オーナーが建物火災保険に加入していなければ、借主に直接、損害賠償請求するしかありません。

室内の火災では、建物が耐火構造のRC造でも室内の内装や設備・備品は燃えます。エアコン等が変形するのを想像していただければと思います。実際に当社でも2年連続で放火の被害を経験しましたから、オーナーは建物火災保険の加入は必要不可欠と言えます。

当社では放火事件を機に、リスク管理上、物件購入において木造は検討外としています。保険の適用以前に人が亡くなってしまっては大変なのですから……。

オーナーは、補償額の大きさの割に保険料が安い**「施設賠償責任保険」**にも必ず加入するようにしましょう。定期的に保守管理や点検を実施していることが前提となりますが、施設の不備により建物内で第三者に損害を与えてしまった場合にも補償してもらえます。水漏れや外壁の崩落は築年数がある程度になれば生じる可能性があります。年間1万円ほどでも1億円を補償する保険商品もありますので、建物火災保険の特約としてセットで必ず加入するようにしましょう。

「田丸式・賃貸経営の極意」その⑦
……高齢者・生活保護受給者・学生をターゲットに

外国人以外でターゲットとして考えられ、現在、年々増加しているのが、高齢者と生活保護受給者です。両者とも現状では「住宅確保要配慮者」とされ、オーナーは賃貸することで社会貢献にもつながります。

高齢者は対策をとれば、リスクを大きく軽減できる

外国人の需要増加と同じくらいに、5人に1人が65歳以上の高齢者という「超高齢社会」が進行しています。サービス付高齢者向け住宅などはあるものの、費用が高かったり、郊外等土地が広いエリア中心であったりします。

公営住宅は東京都の入居倍率は何十倍と、入居が難しい状況です。介護施設も費用はもちろんのこと、要介護認定を受けないと入所が難しいのが現実です。

そうなると、高齢者の入居は単身用の賃貸マンション・アパートしかない、となるのですが、身寄りのない方の場合は入居が難しいのです。**借りたい人が多いのに貸せる物件が少ないからこそ、ターゲットになる**わけです。

一人暮らしの高齢者が、部屋を借りにくいのは、「認知症による近隣トラブル」、「孤独死」、相続人等と連絡がとれない場合の「契約解除」や「残置物処理」、「葬儀の手配」などのリスクがあるからですが、外国人の場合と同じで、対策をすればよいのです。もっとも「高齢者＝孤独死」と結びつけるのは早計で、統計的には若い方や働き盛りの方の孤独死のリスクも十分にあります。

一番心配される「孤独死」への具体的な対策は、「予防」と「死後」の両方があります。予防策は、公共機関でも見回りサービスがありますし、民間でもセコム㈱をはじめ、多くの会社で、有料見回りサービスを実施しています。人体感知機能を内蔵したセンサーや電気・水道の使用量をもとに入居者の異常を検知する「ＩｏＴによる賃貸住宅の入居者の見守りサービス」を実施している民間の会社もあります。

デジタル化が進み、孤独死防止の関連商品もたくさん販売されています。スマートロックに高齢者安心監視を付加させたサービスも登場しました。

デジタルでなくても、宅配の飲料や新聞がある程度の間、受け取られていない、郵便受けに郵便物が溜まっている、といったことをサインとして予防に使えたりもします。

しかし、どんなに予防を頑張っても、孤独死となってしまうこともあります。そういった場合も、**賃貸保証会社と家財保険を使うことで相当部分をカバーすることができます。**

後述する外国人専門の賃貸保証会社があるように、（一財）高齢者住宅財団のような高齢者向けの家賃債務保証を行う財団法人もあります。同財団の家賃債務保証とセットで申し込める見守りサービスは月額利用料が発生しますが、週2回の安否確認電話と孤独死（孤立死）時の費用補償がセットになったものです。特徴的なのは「高齢者向け家賃債務保証」と「孤独死保険」と「高齢者見守りサービス」をセットにできるオールインワンタイプなところです。

保険会社のワイドプラン同様、賃貸保証会社各社にもオプションでワイドプランがあり、代表的なオプションが**「死亡時原状回復費用保証」**です。死亡時の原状回復費用保証が手厚くなっているわけです。保険同様、年間2千円程度のわずかなオプション料なので費用対効果は抜群です。

借主（入居者）が加入する家財保険でも、最近は同様に高齢者向けの商品**（「孤独死保険」）**があります。万が一、孤独死になった場合の特殊清掃費用や、遺品整理費用もカバーしてくれます。保険会社に確認したところ、賃貸保証会社の死亡時原状回復費用保証との重複は問題ないようですので、双方を利用すれば心強いと言えます。

孤独死保険は保険会社によっては、物件外で亡くなった場合（入院先、交通事故等）でも残された遺品の整理費用として保険金が支払われるプランもあります。

少額短期保険の「孤独死保険」では、家主（または管理会社）が保険契約者・被保険者となって保険契約を締結して保険料を支払う「家主型」と呼ばれるものも存在します。借主（入居者）が保険料を支払う「入居者型」の補償に加えて、死亡事故発生後の一定期間の空き室分家賃や値引期間差額家賃を補償する点が特徴的です。

少額短期保険以外にも、オーナーが契約する建物火災保険の中に、単身入居者の死亡に備える特約（事故対応等家主費用特約）や行方不明にも備える保険商品もありますので、保険代理店に確認してみるのもよいでしょう。

自治体によっても高齢者入居支援を積極的に行っているところもあります。たとえば杉並区居住支援協議会では「高齢者等アパートあっせん事業」や「高齢者等入居支援事業」に力を入れています。

前者は、高齢者等、住宅に困窮している方への入居支援制度に協力している不動産会社の紹介や、住宅に関する情報提供を行うほか、仲介手数料の助成制度もあります。後者は、協定を結んでいる民間賃貸保証会社で保証委託契約をした場合に、通常の保証委託料より優遇され、保証委託料の助成金を支給したり、週1回、電話による安否確認（民間事業者に委託）のサービスが利用できます。杉並区社会福祉協議会へ預託金の支払いが必要ですが、万一亡くなられた場合の葬儀の実施や残存家財等撤去サービスも利用できます。

なお、入居者が身寄りのない高齢者等の場合は、社会福祉協議会、ＮＰＯ法人や民間サービス事業者等が提供する**「緊急連絡先代行サービス」**や**「保証人代行サービス」（有償）**を活用することにより、緊急連絡先や身元保証人が確保され安心です。

「定期建物賃貸借契約」や「特約（覚書）」で、アクシデントの発生を予防する

それでも、後期高齢者が入居者となると、二の足を踏むオーナーや管理会社も多いでしょう。当社では、最高年齢で92歳という人がいらっしゃいました。動けなくなってきたということで、施設に移っていかれましたが、何の問題も起こさない、優良な入居者でした。

現在でも最高齢92歳の方が現役で入居されています。娘さんが近くに住んでいるので、特約条項として、週何回以上、定期的に見守りをしてもらう、といったことを約束していただいています。一般的には「定期建物賃貸借契約（いわゆる定期借家契約）」や「特約条項（または覚書）」を付けるという対策をします。

親族でそのような約束ができないという人は、入居へのハードルが少し上がります。近くに住んでいる親族が、どうして実の親の見回りに行かないのでしょうか。そこは正直に疑うようにしています。

週何回しっかり見回りをする。万が一怠った場合は、何かがあった際には全て責任を負うという特約は、厳しいものではありません。しかし、それくらいしないとリスクがあるのも事実で

す。特約を理解した上で締結してもらえれば、当社は、年齢に関係なく受け入れています。実際に特約を締結された親族の方は例外なく、定期的に訪問されています。

親族（子ども等）が同居せずに別居して近くで見回りに行く、というスタイルは近年、増加しているようです。

国土交通省のウェブサイトで公開している**「大家さんのための単身入居者の受入れガイド」**では、単身入居者を受入れる際のさまざまな工夫や取り組みを紹介していますので、是非とも参照してみてください。

ひと昔前と異なり、**状況は変わっている**のです。しかし昔のまま時代が止まっていて、変化に対応できていないオーナーが多いのです。

現在は、賃貸保証会社の「死亡時原状回復費用保証」と家財保険の「孤独死保険」、公共機関、民間サービス等でアフターフォローができる時代です。加えて、後述する**「残置物の処理等に関するモデル契約条項」**をはじめとする契約内容の充実などの対策ができていれば、**高齢者は、借りられた場所を終の棲家とする方も多いので、10年、20年と住んでくれる方が多く、キャッシュフローを安定させてくれる「長期入居者」にもなる、**というわけです。

高齢者需要は居住用だけの時代ではなくなりました。オフィスビルや飲食店等の店舗ビルにも定年退職後に起業して、セカンドワークを始めるアクティブシニアが増加しています。**超高**

齢社会の進展に伴い、事務所賃貸や店舗賃貸での高齢者需要もますます増加するでしょう。

国土交通省が策定・公表する「残置物の処理等に関するモデル契約条項」

国土交通省は令和3年6月、単身高齢者の居住の安定確保を図るため、借主の死亡後に契約の解除及び室内の家財等の残置物を円滑に処理できるように、賃貸借契約の解除と残置物の処理に関する**「残置物の処理等に関するモデル契約条項」**を策定し、公表しました。

借主の死亡後、賃借権と室内に残された家財等の残置物の所有権は相続人に承継（相続）されるため、相続人の有無や所在、連絡先等がわからない場合、賃貸借契約の解除や残置物の処理が困難になることがあります。賃貸の現場では、このリスクは特に高齢者に対してオーナーが建物を貸すことを躊躇する、という問題を引き起こしています。

このような背景から、国土交通省及び法務省が、貸主の不安を払拭するために、死後事務委任契約を締結する方法について検討した結果、賃貸借契約締結時に、**借主と受任者との間で①賃貸借契約の解除と②残置物の処理に関する死後事務委任契約を締結しておくことが有用**と考えられ、前述のモデル条項のひな形が策定・公表されました。

貸主は入居者の相続人と利益相反の関係にあり、貸主を受任者とすることは避けることが望ましいとされています。まずは入居者の推定相続人を受任者として委任し、それが難しい場合は居住支援法人や、管理業者等の第三者を受任者として委任することが考えられます。

一つポイントとなるのは、借主（入居者）に対し、「自身が亡くなった後に〝破棄する家財〟と〝破棄しない家財〟とを事前に分けておいてもらう」協力を取り付けておくことです。〝破棄しない家財〟についてはリストを作成し、目印となるシールを貼る、受任者に示した一定の場所（金庫等）に保管するなど、受任者が認識できるようにする必要があります。そして送付先を指定してもらいます。

このモデル条項が機能するためには、まず、推定相続人（親族等）と連絡をとり、借主（入居者）とともにコミュニケーションを取る必要があります。特に推定相続人の存在や連絡先などの、入居者に関する情報の丁寧な聞き取りは、死後の対応をスムーズに行うために大切なこととなります。契約書や入居者情報シートに「推定相続人の連絡先（いない場合は代理の受任者）」を記入することを忘れないようにしましょう。

モデル契約条項とは異なりますが、60歳以上の高齢者の借主（入居者）が死亡することによって賃貸借契約が終了する（賃借権が相続されない）契約である**「終身建物賃貸借契約」**の締結も活用されています。契約が安定的に終了するため、賃貸借契約の解除で悩む必要はなくなります。貸主は、事前に都道府県知事の認可を受ける必要があり、〝手すりの設置〟等、バリアフリーのための一定の基準に適合していることが必要です。

残置物の処理や遺体の埋葬については通常の賃貸借契約と異なりませんので、先述のモデル契約条項を参考にして、残置物に関する取扱い等を特約や覚書に記載することで対応しましょう。

生活保護受給者の場合も、高齢者と同じく需要のあるターゲット

生活保護受給者も、入居するのに苦労される方が多いです。対応方法は、基本的に高齢者と変わりません。高齢者が生活保護受給者であるケースも多いです。

生活保護受給者の家賃の支払いは、自治体によって違いますが、借主が滞納する場合は「代理納付」という生活保護の受給金額が、借主ではなくオーナーに直接入金されるシステムがあります。生活保護受給者である入居者に問題があれば、自治体の生活保護課の担当者が入居者と連絡を取り合って対応していただけるのは一つのメリットです。

生活保護受給者を借主とする契約では、各自治体から礼金を名目とする初期費用が支給されますので広告宣伝費（AD）に充てることもできますし、上限内なら敷金を2ヶ月にすることも場合によっては可能です。契約更新時には更新料も支給されます。

生活保護受給者は年々増加しています。高齢者と同様に入居が難しい現実があり、**借りたい人が多いのに貸せる物件が少ないからこそ、ターゲットになる**わけです。高齢者と同じく、な

かなか借りられない現実があるから、10年、20年以上の**長期入居をする**ことが多いのです。

「競争戦略」を組み合わせた「学生」を狙う！

地方や郊外と異なり、都心部は大学同士が近接します。大学の付近に大学があるという状況が多いのです。都心部で「学生」をターゲットとすることは単身用マンションでは空き室に困らない王道の戦略とされています。

少子高齢化に伴い、学生の数は年々減少していますが、高校卒業後の進学が当たり前のようになり、外国人留学生の増加もあり、今後も学生の需要は衰えないでしょう。

たとえばJR中央線の中野駅は近年、大学を誘致した結果、駅前に早稲田大学や明治大学、帝京平成大学、と三つの大学をはじめ、周辺にも大学があるため、学生の需要が高いです。

賃貸保証会社の多くは**「学生プラン」**というものがあり、**学生は保証委託料が安くなります**。通常の保証委託料が家賃の50%だとすれば、学生プランの安いところは20%しない程度の保証委託料で保証委託契約を締結することができます。

家賃が6万円の場合、仲介手数料1ヶ月分、家財保険、鍵交換を合わせて10万円程度で契約できることになります。

都心部では、大学が多いという需要に対して競争戦略を考えた場合、まず保証委託料が安い

（＝**価格競争で優位となる**）学生をターゲットとします（＝**ターゲティング戦略**）。次に保証委託料が安いことを活かして、初期費用を最大限に安くするべく、「敷金・礼金不要」とします（＝**価格競争戦略の効果増大**）。部屋を探している学生に認知してもらうために、不動産賃貸ポータルサイト上の検索機能である「敷金・礼金不要」のチェックボックスは相性がよいでしょう。

初期費用の安さに加えて、セルフ内見（仲介手数料半額等）、返信スピードを速くする、借主の要望を受け入れる等の**「差別化戦略」**を取り入れれば、解約の申入れ後の退去前でも成約されます。当社の事例では決まらなかったことはありません。

閑散期でも不動産賃貸ポータルサイトに掲載して数分後に問い合わせがあり、その後、すぐに成約しました。

「田丸式・賃貸経営の極意」その⑧
……時代の変化に対応して、デジタルを駆使する

クレジットカードで初期費用を支払う借主が増加

一部の大手不動産会社を除き、家賃の決済にクレジットカードはあまり使われません。クレジットカードの決済手数料が３％を超える高い数字だからです。オーナーが管理会社に依頼し

た場合の管理費は、通常5％ほどですから、管理収入がなくなるようなものです。

家賃ではなく、初期費用、すなわち**入居時の募集戦略として利用する、というのは賢い戦略**でしょう。初期費用を払う時に現金がないという状況は、特に若い人には多く、「クレジットカードでの初期費用の支払いは可能ですか？」という問い合わせは少なくありません。借主にとって、クレジットカードでの支払いは、分割ができるという点が大きいです。

初期費用は、一般的に家賃の6ヶ月と言われています。まとまった現金を用意できない状況にある方には、大変便利と言えるでしょう。5分割を選択される方も一定数います。

キャッシュレス化が日本より進んでいる中国、韓国出身の方からも、現金保有にかかわらず、クレジットカードや、ペイペイでの支払いの問い合わせはあります。特に新型コロナウイルス感染症の流行に伴い、利用者が加速したようです。

仲介会社や管理会社としても、空き室対策という視点から見れば、「カード決済ができないなら他に行きます」となってしまうと、チャンスを逃し、機会損失となります。

その結果、成約率にも影響してしまいます。

細かい点ですが、不動産賃貸ポータルサイトで、検索時の条件設定の項目に「初期費用クレジットカード決済可」というチェック欄があるケースも多いです。初期費用のクレジットカード払いが絶対条件という人が、チェックを入れて検索したら、非対応の場合は検索候補に挙がることはありません。仲介会社・管理会社にとっては、集客率にも影響することになるのです。

以上のように、**初期費用をクレジットカード決済対応とすることは、空き室対策に役立つ**と言えるでしょう。

キャッシュレス決済が年々増えているのは間違いありません。世の中のDX化の進展に伴い、不動産賃貸の世界でも、入居の一連がすべてオンライン上で起こりつつあります。クレジットカード決済を含むキャッシュレス決済の導入は不可避的な流れとなるでしょう。特にキャッシュレス化が進展している外国人の入居が増加すればするほど、この流れを加速させるのではないでしょうか。

不動産取引の完全オンライン化の時代がついに！

不動産の世界では、日本はIT化・DX化が特に遅れていて、一生懸命アメリカの後を追いかけています。たとえば**「セルフ内見」**は10年以上前からアメリカで流行っていました。**スマートロック、バーチャルステージング**等、「セルフ内見」を後押しする環境は年々増加し、仮想現実の空間で内見を体験できる**「VR内見」**も進化してきました。

「セルフ内見」の場合、Googleマップがあれば現地への案内も不要となるので、仲介会社は仲介手数料を半額としているところが多いです。若者は自分自身のペースやスピードを求めているのでしょうか、コストパフォーマンスがよいのかもしれません。

デジタル技術は新型コロナウイルス感染症の流行で一気に加速しました。「**AI物件確認**（電話・チャット自動応答サービス）」や対面での感染リスクが抑えられる**「オンライン内見」**も、その中の一つです。

賃貸保証会社の審査も申込段階から全てオンライン上で完結するようになってきました。手続きの流れの最後である決済では、感染リスクのある現金に触れたくないことを理由として、クレジットカードをはじめとする**「キャッシュレス決済」**が広く浸透しました。

「電子契約」も新型コロナウイルス感染症の流行で加速したデジタル技術の一つです。当社も**「クラウドサイン」**という電子契約サービスを導入しています。貸主と借主の直接契約の場合は宅建業法の適用外なので、当社は賃貸借契約を「電子契約」で締結できるのですが、契約締結業務の効率が著しく向上しました。時間や手間がかからず、メリットが多いのです。システム上、日付の記入等を忘れるといったミスもなくなります。

平成29年10月1日より、「不動産賃貸取引」でオンラインによる重要事項説明（IT重説）が本格運用され、令和3年3月30日より「不動産売買取引」でもIT重説が本格運用され、不動産業界としてはDX化に向けた一歩を踏み出しました。

もっとも、現行の宅建業法は重要事項説明等の宅地建物取引士の押印・書面交付を義務付けているため、オンライン上で重要事項説明ができても、事前に印刷した重要事項説明書等を相手に郵送する必要がありました。

ところが、令和3年5月12日に国会で**「デジタル改革関連法」**が可決・成立し、令和3年9月1日に施行され、流れが大きく変わりました。その中でも**「デジタル社会の形成を図るための関係法律の整備に関する法律」**では押印義務の廃止、書面化義務の緩和（書面の電磁的方法での交付を認めるもの）が盛り込まれ、これにより宅建業法も令和4年5月中旬までには改正・施行する予定となっています。

改正宅建業法では、取引の相手方の承諾を得た上で、現在は書面での交付が義務付けられている、媒介契約書、重要事項説明書、賃貸借契約書を電磁的方法で交付する（押印も廃止する）ことができるようになります。

すなわち、不動産賃貸・売買ともに契約時の押印が廃止され、重要事項説明から書面交付、契約の締結・契約書の交付まで、すべてオンライン上で手続きが完結できるようになるのです。

今まで不動産実務では「解約通知書」、「駐車場の契約」、「賃貸借契約の更新」にとどまっていた「電子契約」の締結が、もうすぐ可能となり、不動産取引が大きく変わるでしょう。

不動産投資家にとっては、抵当権設定契約や金銭消費貸借契約に加えて、売買契約における「電子契約」の締結も実現できれば、従来の紙ベースと比べて、多額の**印紙税が不要**となります。大きなメリットでしかないので、将来的に「電子契約」は積極的に活用しましょう。

不動産取引において、最大の難関であった「電子契約」が近い将来実現できるので、**《AI物件確認→セルフ内見・オンライン内見→賃貸保証会社の審査・申込→IT重説→電子契約→キャッシュレス（オンライン）決済》**と、すべてに完全なオンライン取引が完成するのです。

ところで、最近は入居者募集の際、オーナー側でも直接やり取りできるようになってきました。

たとえば、㈱Ｃａｓａの**「家主ダイレクト」**のように、不動産会社を通さずにオーナーが直接利用できる賃貸保証サービスもあります。

また不動産賃貸ポータルサイト**「ウチコミ」**は、契約自体はエージェントと呼ばれる不動産会社が行うため、直接契約ではないのですが、オーナーが物件を直接掲載して自らＰＲし、入居希望者もオーナーと直接交渉が可能というオープンな入居者募集形態をとります。

デジタル技術が進展するにつれ、「囲い込み」や「おとり広告」を含め、〝情報の非対称性（不透明性）〟が崩れ始め、今後は**オーナーと入居希望者が直接つながる、情報が透明でオープンな入居者募集形態**が増加するかもしれません。

現在は、インターネット上の画像検索やＧｏｏｇｌｅマップのストリートビューをはじめとして、ブログ・SNS等でも物件や地域に関しての情報が溢れています。事前に知識を蓄えた入居希望者が仲介会社の担当者に質問しても、担当者が答えられない、とするケースもあります。

結局、ドライブ代だけで、仲介手数料1ヶ月分は高すぎる、という意見が最近は特に多いです。Googleマップが多用されている現在は、オンラインからの問い合わせでは、仲介担当者と内見希望者が現地で待ち合わせをすることも多く、ドライブ代すら発生していません。

「セルフ内見」や「オンライン内見」でも同様のことが言えます。

「AI化でなくなる仕事」の中に不動産仲介会社が挙げられていました。DX化・完全オンライン化が進むことで、情報を結びつけるエージェント業である仲介会社の役割が減少してくるのは明白で、依頼者にとってメリットとなるような、付加価値を高める見直しをしなければ、先行きが怪しくなるのではないでしょうか？

SEO対策で大家と直接契約

10年以上前から実践してきたことですが、不動産賃貸ポータルサイトを使用せずにSEO対策として自社ウェブサイトに設定した検索用語を入居希望者がGoogle検索をしただけで、契約できたことが数件あります。

借主はいずれも上京してきた学生です。彼らはアルバイト生活が中心のため、仲介手数料1ヶ月を支払うのも大変です。仲介会社を通さずに「直談ドットコム」や「ジモティ」等のほか、Ｇｏｏｇｌｅ検索で直接、オーナー(貸主）を探すという荒業をします。

たとえば当社でしたら、「荻窪　大家」とか「荻窪　貸主」というようなワードをＳＥＯ対策で上位にヒットするように設定して、たまたま荻窪の物件でオーナーと直接契約をしたい学生と成約に至ったということもありました。

競売の落札予想価額もAIで予想

競売については先にも触れましたが、落札予想価額をＡＩが予想するサービスが（一社）不動産競売流通協会（ＦＫＲ）が運営する「981.jp」で実施されています。月額1万円の「981プロ会員」で利用できます。

競売入札の際に利用しましたが、物件によっては当たるという参考程度にはなります。一般の投資家向けではありませんが、知識として知っておくのもいいでしょう。

近年、価格査定の世界でＡＩの利用が急速に拡大してきています。メリットはスピードです。精度は、現在の段階では参考程度にとどめるべきでしょう。

スキルシェアサービスやクラウドソーシング等による賃貸経営上の経費削減

クラウドソーシング等の活用は賃貸経営上、コスト削減方法としても大いに貢献します。

近年は「くらしのマーケット」、「ココナラ」のような〝**スキルシェアサービス**〟や「クラウドワークス」、「ランサーズ」のような〝**クラウドソーシング**〟、「エリクラ」、「Ｔｉｍｅｅ（タイミー）」等の〝**ギグワークサービス**〟、「ミツモア」、「リフォマ」、「家仲間コム」等の〝**一括見積比較サイト**〟、というように、多種多様な仕事依頼のマッチングサービスの利用者が増加しています。

大企業にはそれぞれの専門部署がありますが、個人投資家が事業として賃貸経営をする場合には、そこまでの予算はかけられないでしょう。その場合に、仕事依頼のマッチングサービスを活用することでコストが削減できます。

賃貸経営上、「**くらしのマーケット**」は特にお勧めしたいです。ハウスクリーニングやエアコンクリーニング、不用品回収、網戸・畳張替やリフォーム、害虫駆除、電気・水道工事、給湯器交換、鍵交換、といった賃貸経営上に必要な業者と取引ができます。レビュー機能も盛んで、金額も中間マージンのないケースが多く、低料金なものを探すことも可能です。

似たようなサービスとして、清掃業務やリフォーム・修繕、外壁塗装工事等を一括して見積依頼する「**ミツモア**」等の〝一括見積比較サイト〟を利用するケースも増加しています。当たり外れが激しいですが、技術力があるものの、小規模で広告宣伝費がかけられない優良な下請業者と巡り合う可能性もあります。これらのサービスは、自主管理をされるオーナーで、賃貸経営の上で必要な業者と付き合いがない方にはお勧めです。

外国人を歓迎する賃貸経営戦略に必要な翻訳業務は、「**ココナラ**」や「**クラウドワークス**」が専門性があっていいと思われます。多くの専門家から選んで依頼することができるのもマッチングサービスならではと言えます。

〝ギグワークサービス〟は特に専門性が求められない、隙間時間を活用できる仕事と相性がよいです。「Uber Eats」が有名ですが、アルバイトやパートのような継続的な雇用関係がなく、その場限りのスポットでできる業務委託契約が可能となります。

賃貸経営上、必要不可欠で、かつ相性がよいのは、空き室の撮影や清掃のギグワークサービスでしょう。リクルートが提供する清掃業務委託サービスの「**エリクラ**」は育児休業中の共働き世代や年金暮らしの高齢者等、社会的なニーズとして利用者の拡大が期待できます。

画期的な特徴は、清掃する物件の近隣のギグワーカーを募集するため、パーキング代やガソリン代等の移動に関するコストが発生しないことです。特に従来の清掃会社による費用と比べて、半額以下の清掃費用で済み、募集したもののギグワーカーの応募がなく、集まらなかった場合への対策として、「納品サポートプラン」も存在します。ギグワーカーも詳細な写真報告等、スマートフォン、すなわちデジタルを活用しています。

オートロック物件やオフィスビルの清掃には向かないかもしれませんが、小規模なマンションやアパートでは十分なクオリティです。

「田丸式・賃貸経営の極意」その⑨ ……外国人オーナーから不動産を購入

現在は外国人の富裕層・投資家が、投資目的で日本の不動産を購入しています。その結果、外国人オーナーの不動産が増えていますから、外国人オーナーから収益不動産を購入する場合もあるのではないでしょうか。実際、外国人専門の売買仲介会社は増えてきています。

海外の機関投資家の都心部の保有物件を除けば、収益物件の外国人取引相手（売主）は、中国人（台湾や香港を含む）になる場合が多いと思います。中国では、土地は政府のものであり、中国人は自分の国の土地を購入できません。そのために、富裕層が他国の不動産、なかでも主要先進国の中では相対的に安い日本の不動産を買うわけです。**中国人が物件を売る場合、日本の不動産の相場がわからないためか、相当に安い場合があります。**

理由は、その国（日本）に詳しくない限り、政治も文化も宗教も違う国の不動産の相場などわからないからでしょう。本国在住の中国人は日本の不動産の相場を詳しくは知りませんから、アバウトになりがちなのです。

おそらく、個人の場合は、日本で土地・建物を譲渡した年の1月1日現在の所有期間が5年を超えると長期譲渡所得になり、税金が安くなりますから、所有期間が5年を超えたら売却して、キャピタルゲインが少し増えればいいや、という考えなのではないかと思います。

物件価格の安い外国人所有者の不動産は、往々にして賃料も安いことが多いのです。物件が安く、賃料も安い。ということは買う側にとって、非常にお得な話なのです。

借主側は、借地借家法で保護されているため、オーナーが賃料を上げるのはなかなか難しいものです。しかし、賃料相場が20万円のところを8万円で貸しているなど、近隣相場より極端に安い賃料が設定されている場合には、借主と賃料増額の交渉をして、話し合いで解決しなければ、賃料増額の調停（不成立の場合は裁判）で、オーナー側の賃料増額請求をすることができます。

賃料増額請求が認められれば、売買価格が安い上に、賃料増額することで利回りが高くなります。賃料増額ができれば収益還元法で計算した収益価格が増加するので、将来の売却時のキャピタルゲインが大きく得られます。すなわち、一石三鳥と**トリプルでお得**なのです。

実例ですが、中国人が賃貸経営している物件で、都心の主要幹線道路沿い、商業地域1階の路面店で50㎡くらいの飲食店舗が賃料8万円でした。どこの誰が見ても安いのです。「どうして賃料が安いのですか」と尋ねてみると、中国人の管理会社は、「賃料を安くしていると、すぐに入居するから」と答えました。賃料を安くする理由は管理会社が募集の労力をかけたくない場合やオーナーに借入がないため、安い賃料でもさほど困らない、節税目的で赤字でもいい、親族に貸している等、さまざまです。

本国にいる中国人所有者は日本の収益不動産の賃料相場を知る由もないのです。

周辺の賃料相場でいったら大体30万円くらいでしょう。さすがに、8万円で借りているところを、30万円には上げられませんが、せめて14万円ぐらい（それでも相場の半分以下の賃料）にすることはできるでしょう。

特に事業用収益物件で多いのですが、売買価格が相場より安い上に、賃料相場も安くて増額の余地があると思われる物件の**謄本を見て、所有者が外国人（中国人等）であったならば、チャンスだと思ってもいいでしょう。**売買価格と賃料が安い物件の謄本を確認したら所有者が中国人だったケースは何度もあります。

プロの宅地建物取引士でも知らない!? 外国人から物件を買う時の「源泉徴収」

「売主が非居住者の場合の所得税額の源泉徴収義務」という制度があり、盲点になりがちです。

簡単に説明しますと、日本の不動産の売買で売主が海外居住している非居住者（外国人・外国法人・1年以上の海外転勤中の日本人）であった場合は、買主が売買価格の10・21％相当額を、売買代金支払日の翌月10日までに税務署に支払う義務が発生します。非居住者の申告漏れを防止するための制度です。

仲介会社もプロの宅地建物取引士も、オーナー側も知らないことが多いので、注意しないといけません。外国人相手の売買ケースでプロである宅地建物取引士が「わからないので税理士に確認します」となったケースが、何度もありました。

源泉徴収ですから、事前に、売買価格の中から10・21％相当額を差し引いておけばよいのです。もし、これを知らないまま差し引かずに、たとえば売買価格2億円の物件を買うと、10・21％相当額を差し引いた金額との差は、２０４２万円。これだけの予想外の出費を強いられることになるのです。

外国人から物件を購入する場合には、源泉徴収義務であるため、買主は必ず支払わなければなりません。ただし、購入者が個人の場合で、その不動産を自己または親族の居住用に供し、売買代金が1億円以下の場合は、源泉徴収義務がないなどの例外があります。

売主に、後から「払ってください」と言っても、実際に払わない可能性もありますので、売買価格から差し引くのが確実です。買主は仲介会社から「源泉所得税の納付書」をもらっておいて、先ほどの例でいえば2042万円を決済時に納税しましょう。買主が納税したことを売主が確認できれば問題はありません。

「田丸式・賃貸経営の極意」その⑩……契約書を使いこなす!

本内容に関しては「巻末付録」（217ページ）を参照していただければと思います。

――さて、極意をざっとお伝えしました。

次の章では、外国人に対するイメージについて、いかに差別や偏見があるのか、実態を探ってみましょう。

コラム①

賃貸経営を始めるなら、区分所有物件がお勧め！

「賃貸経営を始めるなら、区分所有と一棟物のどちらがいいですか？」と聞かれたら、私は迷わず区分所有をお勧めします。ローリスクに近づけるからです。

区分所有マンションの場合は、維持管理・大規模修繕計画等、管理組合が適切に機能していれば大きな出費も少なく、低リスクで順調に戸数を増やしていくことが可能です。本書を読み終えた後は、3点ユニットの区分所有マンションが、低リスクで投資効率がいいことが理解できるでしょう。

実際に私が資産形成・運用及び不動産コンサルティングをしてきた中で、区分所有マンションを購入された方は現在のところ、皆、借入金がなく、複数戸を所有して常に満室で、現状、失敗された方は一人もいません。

区分所有マンションは物件価格が低いため、一棟物と比べると必要な資金が格段に少なくて済むというのがメリットです。購入資金は基本的に銀行からの借入に頼らず、節約して貯めた現金で一括購入することも十分に可能です。

また火災などで運悪く室内設備・備品を失うことになっても、保険対応ができ、区分所有マンションなら、1部屋分の責任で済みます。そもそも通常、区分所有マンションは鉄骨造か、鉄筋（鉄骨鉄筋）コンクリート造のため、火災が躯体に与える影響は少ないです。

一方、木造の一棟アパートは火災リスクが高いです。当社も2年連続で放火の被害に遭いましたが、契約時の面談で、真面目で優良と思った入居者が、失恋で放火してしまったケースや、ストーカーでもある恋人が合鍵を作って侵入し、室内に放火をしたケース等、いったい誰が想像できるでしょうか？　私も経験するまで、確率的に放火の心配はないだろうと思っていましたが、放火の被害を連続で経験してからは、木造に対するリスクの見方が変わりました。入居者の失恋等の感情コントロールはオーナーができるものではありませんので。

区分所有物件の場合、純賃料収入は管理費・修繕積立金の支払い分、一棟物より少ないですが、修繕積立金は一棟物でもオーナー自身で積み立てる必要がありますので、管理費・修繕積立金が高額すぎる物件は別として、気にする必要はありません。賃貸経営の実務を堅実に学ぶことができ、投資初心者には勉強になります。

港区や千代田区等の一等地や文京区等のアベノミクス以降に価格が急上昇したエリアでは、バブル崩壊が怖いので、現在のような価格高騰期は避けるのがベターです。価格帯としては、500万円～700万円で購入できる、90年代バブル期に多く建設された東京23区の準都心部で地盤の強い武蔵野台地上の物件が狙い目です。

この金額ならば、仮に賃貸経営が上手くいかず、最悪の事態になっても、流動性があって売却もしやすく、金融機関との交渉で任意売却に持っていくことも可能です。金額が少ない分、自己破産に陥る可能性も少なくなります。

金融機関からの借入金が完済できれば、あるいは全額現金で購入した場合は、賃料収入が毎月貯まっていきます。不動産投資の初心者に多いのが、賃料収入を海外旅行や贅沢品等に使ってしまうことです。目標が、副業程度の月に数万円だとしても、何らかの原因で突発的な出費が発生するかもしれませんので、キャッシュは温存しておきましょう。

1戸購入して賃料収入を貯めて、節約して、2戸目に「再投資」をして、貯めて、節約して、3戸目……と繰り返していくのは賢い方法です。10年あれば数戸は所有することができます。ある程度、毎月のキャッシュフローが潤沢になり、借入れがない状態になってから、ようやく我慢していた贅沢をすればいいのです。「贅沢は我慢とタイミング」なのです。

上場企業の創業者オーナーやIPO長者のような莫大な財産がある方は別として、区分所有マンション数戸では、そのようなレベルには到底追いつけず、節約することは必要です。けれども再投資を続ければ、物件の増加するペースは加速度的に増えていきます。

再投資しながら複数の賃貸物件を持つことで、アインシュタインが「人類最大の発明」といった「複利」の効果を体験することができます。

1戸目こそ回収に時間がかかりますが、2戸、3戸と物件を増やしていくことで賃料収入が増え、回収期間が急速に短くなり、次の物件の取得に結びつきます。「複利」と「再投資」という不動産投資の醍醐味の一つを学ぶことができるでしょう。

担保価値の高い一棟物の方が資産拡大スピードは早いですが、購入金額もリスクも高くなります、イソップ物語の「ウサギとカメ」でいう「カメ」の意識を持って、区分所有物件で焦らず着実に賃貸経営してみましょう。

コラム②

不動産投資と比較した場合の株式投資の資産運用方法

資産運用といえば、株式投資を思い浮かべる人もいるでしょう。アセットアロケーション（資産配分）内での分散投資として株式投資を行っている不動産オーナーもいますし、私も数百銘柄の上場企業の株式を保有しています。

同じ資産運用でも、株式投資と不動産投資はリスク管理や利益の出し方が異なります。

一般的にミドルリスク・ミドルリターンの資産運用といわれる不動産投資は、リスクコントロールがある程度、可能な資産運用です。場合によってはミドルリスクをローリスクに近づけることもできます。立地、建物状況や賃料相場、入居者の動向などは、購入前に事前に調べることができ、空き室を減らす対策など、知識やアイデア、経験、経営手腕によりリスクを十分に減らせます。インサイダー取引の規制がなく、値下げ交渉も可能です。火災や台風、地震などのリスクに対しても、ある程度は保険で対応することが可能です。

それに対して、ハイリスク・ハイリターンの資産運用と言われている株式投資は、銘柄の分散投資をしたとしても、市場リスク（システマティックリスク）をなくすことができない以上、リスクコントロールが不可能です。ハイリスクはハイリスクのままなのです。新型コロナウイルス感染症の流行や大地震がいつ来るのかがわからないように、市場の動向は、誰によっても制御することはできません。「アノマリー」と呼ばれる現代ポートフォリオ理論では説明できない事象も生じます。ナンピン買いなどのテクニカルな対策もありますが、本質的な対策にはなりません。

不動産投資では物件の売却・転売による売却益も得られますが、事業でもある賃貸経営の本質は、インカムゲインである賃料収入を長期にわたって継続的に得ることです。値動きも1年の短期間で変動するわけでもなく、5～10年スパンで変動するものであり、プロでない個人投資家は、リーマンショック後のような価格相場が安い時期に購入しなければ、キャピタルゲインを狙って得ることは難しいのです。長期保有の間に価格高騰期等のチャンスがあれば不動産を売却するのが望ましいでしょう。

一方、株式投資は、購入時と売却時の差益であるキャピタルゲインを狙って得ることができます。株価は不断に変動しているので、1ヶ月スパンでも簡単に値動きが変動し、多くの外部要因によって、直接的に影響を受けます。業績により配当が減配・無配になるリスクもあり、株主優待を含め、インカムゲインは安定しないものです。もちろん、企業が倒産することにより、資産価値がゼロになるという危険を常にはらんでいるのでハイリスクです。

株式でいう「バリュー株投資」と収益不動産でいう「割安・売り急ぎ物件」のように、割安なものに対しての戦略は両者ともに似ています。これらは市場の相場とは関係なしに、常に存在します。一方、株式でいう「グロース投資」や「株式分割」、「自社株買い」、「TOB」は株価の上昇を見込め、キャピタルゲインが狙えますが、これに該当するものは収益不動産にはありません。すなわちキャピタルゲイン狙いは、間違いなく株式投資の方が向いているのです。

J-REITも株式と同様です。現物不動産よりもキャピタルゲインが狙えます。

新型コロナウイルス感染症の流行でNAV（純資産価値）を大きく下回った割安な銘柄は、ホテル・商業系銘柄を除き、投資口価格を新型コロナウイルスショック以前の8～9割ほどまで回復してきました。この値動きは現物不動産ではまず不可能なのです。

私は不動産と株式のこの両者の違いを利用して、不動産投資では安定した賃料収入であるインカムゲインを長期的に得ることをメインとしながら、価格高騰期等のチャンスがあれば売却し、売却益であるキャピタルゲインを狙います。

株式投資では成長が期待できる銘柄、「グロース株投資」でキャピタルゲインを中心に狙い、「バリュー株投資」では長期保有を前提として配当や株主優待等のインカムゲインを得ながら、タイミングのいい時期を見て、キャピタルゲインを狙います。

株式投資に関しては企業を長期的に応援する気持ちが必要です。株価が下がっても倒産しなければ長期で保有して、その間は配当や株主優待の恩恵を受けていれば、焦らなくなります。株価の変動に一喜一憂することなく、資産運用に余裕が出るのです。そういう意味では今回の新型コロナウイルス感染症の流行のような株価が暴落した際は、チャンスと捉えることができます。

株式投資も不動産投資も長期的視野に立ったインカムゲイン抜きには語れないでしょう。

第2章

外国人に対する不動産業界の認識は遅れている!?

平成28年度の法務省の委託調査である「外国人住民調査報告書」によれば、過去5年の間に日本で住む家を探した経験のある外国人［２０４４人（回答者の48・1％）］のうち、**「外国人であることを理由に入居を断られた」**とする回答が39・3％と約4割に及んでいました。

国・地域別で見ると、「外国人であることを理由に入居を断られた」と回答した人のうち、上位3ヶ国（タイ、中国、朝鮮）では、50％以上、驚くことに「2人に1人」という結果が出ているのです。いかに差別や偏見があるかがわかるのではないでしょうか。

いまだに不動産仲介会社がオーナーや管理会社に物件確認の問い合わせをする際、いの一番に「外国人ですが大丈夫ですか？」と確認する状況が不思議で仕方ありません。

不動産投資に関する書籍を執筆されている方の中にも「外国人にしか貸せない」等の差別的な表現をする方もいます。

「外国人はトラブルメーカーだからお断り」

これが、いまだに不動産業界の常識で、これからの不動産業界を考える上での大きな問題なのです。新しい時代への変化を妨げる問題を解決するためには、外国人に対する偏見を解かなければなりません。

この章では、偏見についての実態を探ることで、外国人への誤解を解いていきます。決めつけ・思い込みで見えなくなっていた、さまざまな可能性も見えてくるでしょう。

【外国人入居者に対する誤解①】基本的に属性が悪い

ここで言う「属性」とは、クレジットカードや、賃貸借契約時の審査の時に使われる、申込者の年収や社会的地位などを総合的にまとめた情報を指します。「この人は属性が悪い」と判断されると、契約が難しくなります。

属性を判断する時、中身を見ずに、外国人というだけで、マイナスと判断される傾向があります。そもそも日本に住もうとする外国人は、一部の例外を除いて真面目な人しかいません。ほとんどは、留学や出稼ぎに来るというような明確な目的のある人たちです。なぜなら母国からの仕送りがある等、本国である程度の富裕層だったり、身元がしっかりしていないと、日本に来て暮らすという行為自体が難しいからです。特に出稼ぎに来る人は、トラブルを起こすことによる強制送還は、絶対に避けたいと考えています。家族のために稼いで仕送りしなければならないのですから、外国人は日本のルールを守って暮らして、日本に根付いていきたいと本気で思っているのです。

確かに、犯罪など悪いことをする外国人はいます。ですが、日本人が全員善人ではないように、多数の人がいたなら、確率的に悪さをする人間は必ずいるものです。要するに**「国籍」**の

問題ではなく、「個人」の問題なのです。確実に言えるのは、**日本で暮らす外国人は、自分が他の国から来ているがゆえに、日本人よりも日常に気を使って生活している**ということです。

たとえば乳幼児を連れて電車に乗ると、優先席であるか否かにかかわらず、積極的に席を譲っていただけるのは多くは外国人です。欧米人も南米人もアジア人、アフリカ人と国籍を問わず、皆さん親切です。

オフィスや店舗等の事業用物件では、外国人からの入居申込が増えていますが、属性について私は全く不安ではありません。日本でビジネスをしようとしている外国人のほとんどが、流暢な日本語を話します。私はテナント企業の代表者と積極的にコミュニケーションを取っていますが、これまで日本語ができないのに、日本でビジネスをしようという人には会ったことがありません。ビジネスに真剣で、真面目なのです。

当社の経験で言えば、**居住用の物件で同程度の賃料の物件を借りている入居者で比較すれば、外国人より日本人の方が問題を起こしています**。夜逃げ、騒音、不法投棄、イタズラや器物損壊等のトラブルもすべて日本人入居者でした。

当社では、数十年の間、外国人入居者が火災や放火、警察沙汰のトラブルを起こしたことは、後述する国際麻薬犯罪組織の名義貸しの一件を除けば、一度もありません。「外国人だから問題を起こす」というのは偏見だ、とつくづく思います。逆に言えば日本人だから安心というのも大間違いなのです。

【外国人入居者に対する誤解②】夜にどんちゃん騒ぎをする、大きな音を出す

日本に来ている外国人は、同胞意識が強く、強固なつながりを持ちやすいのは確かです。そのため、借りている部屋に外国人の出入りが多くなり、大きな音を出してしまうこともあるかもしれません。しかし、コミュニケーションを取り、マナーやルールを理解してもらえば、解決するものです。

かつてサンフランシスコで正月を迎えた際は、アメリカ人が盛り上がり過ぎたのか、発砲音が至るところで鳴り響いていました。ブダペストで正月を迎えた際は、爆発音やサイレンが鳴り響いていて、戦争中かと勘違いするほどでした。確かに日本の文化や習慣は、世界の中では物静かな方かもしれません。

仮に、外国人がパーティ等で騒々しかったとしても、誰一人として、「周りに迷惑となるから静かにしてください」と、マナーやルールを理解させるためのコミュニケーションを取らなかったのかもしれません。何度注意しても改善されないとすれば、母国語でないから理解できていないのかもしれません。**母国語で注意すると非常に効果があります。**母国語で注意しても

改善されないのであれば、**〝外国人だから〟騒々しいのではなく、騒々しい〝個人〟**だからなのです。

前提として、「騒音」とひと言で言っても、それがどこから出ているのかを特定するのは、とても難しいものです。「隣がうるさい」というクレームの原因が、隣戸にあるとは限りません。建物の構造で音が意外なところから響いていることは多いのです。よく知らない他者への誤解から「あそこが原因に違いない」という、根拠の薄弱な決めつけが生まれているケースがあります。実際「隣がうるさい」と言われて調べてみたら全く違っていた、というのは頻繁にあります。

つい先日にあった話をしましょう。「〇号室の『外国人』がうるさい」と、マンション居住者から名指しのクレームを受けました。「外国人が……」という言い方に最初から違和感がありました。その外国人の入居者は帰国中で、部屋にいない時期も長かったので、理屈が通っていないと感じました。すぐ調べてみると、事実無根の偏見による、決めつけでした。

外国人の騒音クレームで特徴的なのは「会話や笑い声がうるさい」というものです。悪意があるわけでもなく、会話は日常的なものなので、難しいものです。陽気なブラジル人の笑い声は、素がハイテンションで大きなものですが、決して悪意があるわけではないのです。

ネパール人の別の事例では、「隣の『外国人』が深夜0時15分に電話をかけて、うるさい」

と厳しいクレームをもらいました。

東京とネパールの時差は、東京の方が3時間15分ほど進んでいます。入居者は女子留学生の一人暮らしで、本国の家族の方に電話したのです。本国の時間は夜9時頃で、就寝前に親御さんと娘さんが電話で会話をすることは何も不思議ではありません。

もっとも、建物全体から深夜の会話の騒音クレームは一切なく、大声で話した事実もありませんでした。すなわち、騒音ではなかったのです。

クレームの内容にわざわざ「外国人」と入れているところに外国人への偏見が見られるのではないでしょうか？

クレームでしたら「隣人が騒音でうるさい」で十分かと思います。

緊急事態宣言中でも外国人に対する別の騒音クレームがありました。鉄筋コンクリート造にもかかわらず、「隣の『中国人』が朝10時現在、『中国語』の音楽を流しっぱなしでうるさくて困っている」というクレームです。普段と違い、テレワークで日中は在宅勤務のため、余計、敏感になるのでしょうか？

この事例も建物内の他の入居者からクレームは発生しておらず、先ほどと同様に騒音とは認められませんでした。「中国人」とか「中国語」と、わざわざ国籍を出すところが、外国人に対する偏見のように捉えられます。

国によっては、宗教や文化の違いで、お祭りの時期であったり、季節のイベントがあると騒々しくなる場合はあるでしょう。日本人でも正月や節分など季節のイベントでは賑やかになります。

ただ日本の文化と違う時期に、知らない言語で賑やかになっているので、必要以上に気になってしまっているだけではないでしょうか。

契約時に「室内での騒音禁止」を説明したためか、**本国のイベント等で皆で騒ぎたい時は、カラオケルームで騒ぐようにしている善良な外国人入居者もいる**のです。

【外国人入居者に対する誤解③】ゴミ出しなどのルールを守らない

「ゴミ出しの時間を守らない、分別がいい加減、投げたりする」というのは、外国人に対する悪いイメージを象徴するものではないでしょうか。

確かに清掃事務所より、「外国人居住者へのゴミ・資源の分け方、出し方」についての周知依頼が来ることもありますし、近隣からのクレームが多いのも事実です。

当社も10年ほど前までは、ゴミ出しのマナーの悪さに悩まされたことがありました。しかしそれは母国語で伝える技術がなく、文化の差異がお互いに伝わっていなかったからです。実際に**日本に来たばかりの外国人で、ゴミを放り投げたりする人がいたりしますが、本国ではそれが習慣ですからそういう行動をする**のです。日本でのゴミ出しのルールが理解できていないだけで、悪意があるわけではありません。「日本では違います」と説明すれば、すぐ直ります。繰り返し強調しますが、**母国語で注意すると非常に効果があります。**

「ゴミ出しのルール」を守らないのではなく、「ゴミ出しのルールの遵守」を正確に伝えていないだけなのです。

自治体が外国人へルールを伝える手助けを始めている

外国人はルールを守りたいと思っているのに、守り方が伝わっていないという問題を解決するために、自治体で、さまざまな努力が始められています。

たとえば、杉並区では「外国人相談窓口／外国人サポートデスク」が設置されています。インターネットですぐにアクセスできますし、ウェブサイトでは英語、中国語、ネパール語、韓国語といった言語で説明が行われています。

「なみすけのごみ出し達人（マスター）」はスマートフォンアプリで杉並区のゴミ出し日や出し方を確認できるのですが、外国語（英語、中国語〔簡体〕、韓国語・朝鮮語、ネパール語、ベトナム語、フィリピン語）に対応しています。スマートフォンの言語設定で、各言語に設定をすると、自動でその言語に対応したアプリが起動します。紙芝居やゲームを通じて、正しいゴミ出しを覚えてもらうのに最適です。

また杉並区では、ゴミ出しの仕方を、各国言語（英語、中国語、韓国語・朝鮮語、ネパール語、ベトナム語、フィリピン語）を使って解説したパンフレットを制作・配布しています。当社の物件に入居している外国人にも好評です。このパンフレットは杉並区のウェブサイトからＰＤＦファイルでダウンロードすることもできます。

ゴミ出しに関しては昔から仲介会社が説明はしていたのでしょうが、日本語で説明していたから伝わらなかったのです。**入居者の母国語で説明していれば問題なく解決する**という簡単な事実に自治体が気付き、各国の母国語で、パンフレットを作るようになったのでしょう。

杉並区に限らず、国や各自治体で各国母国語により説明する動きは日進月歩で行われています。

【外国人入居者に対する誤解④】家賃滞納のリスクが大きい

【誤解①】で触れたように、**基本的に日本で学ぶ、働こうとしている外国人は、真面目な人が多いですから、滞納そのものが起きにくい**のです。家賃を滞納して、追い出されでもしたら、行くところがなくなるばかりか、もう日本に来ることができなくなる可能性があります。

もっとも、海の向こうに故郷がある外国人に関しては「家賃を滞納したまま、自国に帰った」という形になる可能性はありますから、心配になるのは当然です。

そういう状況になってしまったら、オーナーが言葉の通じない国に行ってもできることは少ないですし、そもそも外国にまで行くコストはかけられません。

しかし、現在は外国人専門の賃貸保証会社や外国人専門の仲介会社、（公財）日本国際教育支援協会の「留学生住宅総合補償」の保証人補償が対応してくれます。

当社も、最近、新型コロナウイルス感染症の流行前にたまたま、母国に戻った入居者が日本に帰れず、空港に足止めされ、海外送金方法もわからないまま、家賃を滞納されましたが、外国人専門の賃貸保証会社を利用することで、滞納分はすぐに代位弁済されました。

母国へ帰った借主に対しては賃貸保証会社を通して本人の母親と連絡がつき、最終的には滞納が解消され、現在も住み続けていただいています（この件の詳細は197ページを参照）。

このように、母国に帰られてしまうなど、入居者と連絡がつかなくなった場合でも、外国人専門の賃貸保証会社や仲介会社のサポートを活用すれば、家賃の滞納は解消されるのです。

外国人入居者の多い当社事例では、現在滞納中の入居者は事業用物件を含めて、すべて日本人です。日本人は1ヶ月くらいの滞納を何とも思わない人がいます。外国人入居者と違い、危機意識がないためでしょうか。

滞納は「国籍」の問題ではなく、「個人」によって異なるものなのです。

もちろん、今後も外国人によって、滞納トラブルが発生することはあるでしょう。しかし、昔なら泣き寝入りするしかなかったような状況でも対応ができる時代になったのは、間違いないです。

【外国人入居者に対する誤解⑤】入居者の数がいつの間にか増えている

外国人が同胞意識の強さから、コミュニティを作ることはよくあります。日本に入国してから仕事先を見つけるまでの期間、宿がなく、困っている人を助けるために部屋に泊めるということもあるでしょう。大学や専門学校のコミュニティが作る絆は大変強いもので、友だちの部屋の居心地がよく、知らず知らずのうちに居着くようになる、という状況もあるようです。

ここでも、**大切なのは母国語**です。母国語で「無断入居はいけないことだ」と注意すれば、ほとんどは解決します。

無断入居という言葉のイメージに怯えて、何もしないでいると、大きなビジネスチャンスを失いかねません。

対応策としては無断入居ではなく、一人までは許可するなどの人数制限を設ける許可制をとります。そして信用照会サービス等を利用して日本での犯罪歴がないか等をチェックし、同時にビザの確認と不法滞在・不法就労でないかもチェックします。日本語能力の確認も大切なポイントです。それをクリアした場合は歓迎してください。

人数が増えれば部屋が傷むことを気にするオーナーもいますが、確かにその通りです。けれども、第1章の『『田丸式・賃貸経営の極意』その⑥』で説明した賃貸保証会社や家財保険（借家人賠償責任補償拡大特約）を利用することで対策をとることができます。

入居者の数に寛容になれば、デメリットを超える特大メリットが生じることになります。

外国人のコミュニティを利用した外国人同士のつながりである「ループ」というものを生み出すのです（この件の詳細は第3章を参照）。

「デメリット」と捉えずに、「メリット」と発想を転換すればいいのです。

【外国人入居者に対する誤解⑥】部屋を汚く使う、壊す

どんな国にも、部屋を汚すことを善しとするような文化はないでしょう。確かに、外国人でも汚す人はいます。しかし日本人でも汚す人は汚すのです。

部屋の白い壁紙がカビ等で真っ黒に覆いつくされているという光景を何度も目にしたことがありますが、すべて日本人でした。

こんな話がありました。ネパール人の飲食店の自動火災報知設備の配線がネズミにより齧られ、「ネズミが天井裏にいるようです、捕まえないのですか？」と伝えても「えっ、確かにバタバタ音はするけど、天井裏なのに捕まえるの？」と返答してきました。ネズミを捕るという習慣がないみたいです。

その後、衛生上の問題もあり、日本でのネズミに対する一般的なイメージや、お店の評判を考えた場合に好ましくないことを伝えたところ、徹底的に改善し、問題が一切なくなりました。文化の差異もあると思いますが、コミュニケーションを取れば改善されます。

逆に日本人のほうが室内の土足に抵抗があり、汚れ、傷、へこみ、臭いに過敏になっている面があるという気もします。外国人は、あまりそういう点を気にしません。

臭いに関して気にするオーナーもいます。確かにインド人・ネパール人はカレー料理・香辛料を、中国人やブラジル人は油を多く使うため、換気扇の油汚れが日本人よりは多くなる可能性があるかもしれません。しかし全員がそうではなくて一部の例ですし、一部の人も契約書や使用細則等を母国語でしっかり説明すれば防止できたはずです。

以前、ネパール人入居者から「換気扇を掃除したいから、掃除の仕方を教えてください」と依頼されたこともあります。その方はゴミ出しの分別もマメで丁寧な入居者です。

契約書等を徹底して説明をしているためか、実際に中国人やインド人・ネパール人に入居していただいて、換気扇の汚れが気になったことは近年はありません。

もう一つ私の心に残っているエピソードがあります。

コロンビア人の女性なのですが、退去される時に、「ルームクリーニング費用をいただいているから、室内は清掃されなくていいですよ」と伝えました。

彼女は「いいんです。私、綺麗が好きなので、綺麗にして返したいのです」といって、専門業者が実施したのと変わらないくらいピカピカにして退去されました。**掃除だけでなく、歴代入居者で一番綺麗な使い方をされていたのは、そのコロンビア人女性で、外国人でした。**

『外国人』だから使い方が汚い」というのは偏見です。

部屋の使い方が汚いかどうかは繰り返しますが、**「国籍」ではなくて「個人」による**のです。

破損や汚れを日本人ほど気にしないという点から見えた新しい可能性

多くの外国人は退去時に、間を空けずに次に同じ部屋に入る人を紹介してくれます。それができるのも、日本人ほど細かい汚れ、傷、へこみを気にしないからというところはあります。

日本人は新築志向が強いためか、内見時に汚れや傷を気にする人が多いので、退去時には業者に入ってもらって原状回復工事を行います。

次の章で詳しく書きますが、**当社は外国人の持っている、破損や汚れを日本人ほど気にしないという点に着目し、「退去と入居の『ループ』」という独自の賃貸経営の手法を生み出しました。**

当社はそれによって新型コロナウイルス感染症の流行中においても業績を伸ばせています。偏見によって他者（ターゲット）を弾くと、ビジネスチャンスを失ってしまうのです。

【外国人入居者に対する誤解⑦】新型コロナウイルス感染症の影響で外国人は減っていて、これから狙ってもダメ

「外国人を大歓迎して『入居率100％』を目指す」といっても、新型コロナウイルス感染症の影響で、そもそも外国人が減っていて無理なのでは!?　と考える人もいらっしゃるでしょう。

しかし、当社の事例において、帰国者が多発するといったことは起こっていません。確かに新型コロナウイルス感染症の影響により帰国した人はいます。

けれども、一時帰国中に母国の空港が閉鎖されて帰れなくなってしまった人は、しばらくして日本に戻ってきました。

むしろ、今までになかった現象が起きました。新型コロナウイルス感染症の流行の影響で、

日本国内の外国人の動きが活発になったのです。日本の地方にいる外国人が、この機会に都内にやってきたり、寮から出て一人暮らしを始めたり、シェアハウスで共同生活をしていた人やルームシェアをしていた人が、感染を心配して一人暮らしを始めるという形で動いているのです。日本の学校を卒業後、日本で就職して一人暮らしを新しく始めた人もいます。

入国する外国人は留学生をはじめとして確かに激減しました。日本へ初めて来た外国人が入居するという形は減りましたが、**すでに日本で生活している外国人同士の移動が増え、新たな需要を生んでいます**。

留学生で日本へ入国待ちという問い合わせも多く、新型コロナウイルス感染症の流行が終息すれば、間違いなく日本に来る外国人は増えるのです。賃貸経営は将来を見ること、長期的視点で思考するのが大事なのです。

【外国人入居者に対する誤解⑧】公的なサポートが十分でない

外国人入居者の促進という点では、国も自治体でもサポート体制が充実してきています。たとえば国土交通省では、**「外国人の民間賃貸住宅入居円滑化ガイドライン（賃貸人、仲介業者・管理会社の方へ）」**というものを頒布しています。

外国人の民間賃貸住宅への円滑な入居を目的として、賃貸人、仲介業者、管理会社のための業務対応マニュアルになります。

内容は、第1章から第5章まである詳しいもので、第1章の「外国人の民間賃貸住宅への入居について」、第2章の「実務対応のQ＆A」、第3章の「外国人の住まいに関する情報提供事例」は参考になります。それ以外にも資料編として**「希望条件チェックシート」**や**「入居審査必要書類チェックシート」**、**「入居の約束チェックシート」**も14ヶ国語に対応しています。

主要な言語、たとえば英語、中国語、韓国語、スペイン語、ポルトガル語はもちろん、ベトナム語、ネパール語、タイ語、インドネシア語、ミャンマー（ビルマ）語、カンボジア（クメール）語、タガログ語、モンゴル語など、あまり対応していないような言語まで網羅しています（令和3年6月時点）。

注目すべきは第5章「各国語契約書等見本」で、**「賃貸住宅標準契約書」**、**「定期賃貸住宅標準契約書」が14ヶ国語に対応**したものが用意され、ダウンロードできることです。**「重要事項説明書」についても14ヶ国語に対応**していますから、大変意義のあることでしょう。

さらに驚くべきことに、「定期賃貸住宅標準契約書（定期建物賃貸借契約）」の効力要件となる「事前説明書」や「終了通知書」も14ヶ国語で対応しているのです。この専門的な文章を各国語で対応させている国土交通省の力の入れようも凄いです。

外国人入居に抵抗がある方でも、まずは「定期建物賃貸借契約」にして挑戦したいという方もいらっしゃるでしょう。そのような方を後押しする内容となっています。

国土交通省のウェブサイトでは契約書以外にも**「部屋探しのガイドブック（日本で部屋探しをする外国人の方へ）」**というものが掲載されています。14ヶ国語に対応し、部屋の探し方、契約の手続き、不動産用語、入居後の注意点など、日本で部屋探しをして生活をする上で必要なマナー等の基礎知識や役立つ情報（たとえば「土足で入ってはいけません」等）が記載されています。国土交通省と（公財）日本賃貸住宅管理協会が共同で作成したものになります。

これらはすべて無料で、外国人の入居希望者がいたら、ダウンロードして渡すことができるので便利です。

地方自治体でも、さまざまなサービスが提供されています。

東京都住宅政策本部のウェブサイトでは、東京都条例で説明が義務づけられている「賃貸住宅紛争防止条例に基づく説明書」の英語版、中国語版、韓国語版が用意されています。

杉並区では、（一財）杉並区交流協会が外国人相談窓口（外国人サポートデスク）でボランティアの通訳により区役所の手続きをサポートします。対応言語は英語、中国語、韓国語、ネパール語で、曜日ごとに対応言語が異なるようです。

国と自治体、両方のサービスを組み合わせて使えるのも、今の時代ならではでしょう。

問題は偏見を持つことにある

このように、**10年以上前にあった、母国語で意思を伝えられず、文化的なすれ違いから生まれてしまった誤解が今も根強く続いている、それが外国人に対する理解の現状です。**

彼らがトラブルを起こしてしまうこともあるでしょう。もし失敗があったら、そこから学び、次に生かせばいいのです。

実際「外国人大歓迎」を謳って、長期間、外国人入居者に慣れ親しんでいる当社でも、外国人が起こすトラブルを数多く経験し、解決して学習することで、現在の「入居率100％」という状況にたどり着きました。

幸いなことに、現在はトラブルに対処できるサービスも充実しており、いざという時にどうすればいいかという情報も溢れています。**大事なのは、理解をしようとし、対策を立てておくこと**です。そうすることで、トラブルは最小限にとどめることができます。

区分所有マンションのオーナーと違い、一棟を所有するオーナーは外国人入居に一歩踏み出せないこともあります。理由は、他の入居者が外国人入居者に偏見を抱いていたり、退去してしまう可能性があるからです。

そういう場合は見方を変えて、**一棟すべての部屋を外国人に貸してあげてください。**駅から遠い競争力のない物件で、外国人に貸さずに、半年もの間、何戸も空き室が続くより、全部屋を外国人に貸して、一棟の空き室期間をゼロにした方がオーナー・外国人入居者双方の利益にもなります。

外国人同士で、隣が外国人だから退去するという外国人には出会ったことがありません。おそらく、通常はいないでしょう。国籍が同じケースでは、入居者同士が仲良くなります。外国人に優しいオーナーと入居者に認知され、退去の際に次の入居者を連れてきてもらうこともあるかもしれません。

残念なことに、まだまだ外国人への視線は、差別と偏見に溢れているというのが現実です。外国人を歓迎して積極的に受け入れるオーナーは少なく、受け入れるとしても「賃貸経営の観点から、仕方なく」という形がほとんどだと思います。

外国人に限らず、高齢者、生活保護受給者といった「住宅確保要配慮者」は多いのです。オーナーとしては、不景気を受けてそのような人に貸したいが、リスクが高いからできれば貸したくない、という考えになってしまうのは、仕方がないことかもしれません。

繰り返しますが、**私が言いたいのは、それは思い込みだということです。**

お気づきでしょうか？

外国人に対する誤解で共通するのは主に二つ。

一つ目はトラブルが起きるのは**「国籍」の問題ではなく、「個人」の問題**なのです。

二つ目は仮に宗教や文化、習慣上の問題からトラブルが起きても**母国語で説明をすることで解決する**ことです。母国語で説明するのはオーナーや管理会社でなくても、外国人専門の賃貸保証会社や外国人専門の仲介会社、自治体等を利用すればよいのです。

現在では、外国人をはじめとした、これまで賃貸経営をする上で避けられてきた人たちを受け入れられる時代になった、いえ受け入れざるを得なくなったのです。

時代の流れはこれから外国人を歓迎して受け入れるようになるでしょう。

昔から残っていて、他の人が言っているだけの偏見を鵜呑みにしてしまっていると、大事なことを、たくさん見失ってしまいます。

新型コロナウイルス感染症の流行という未曾有の危機に直面し、新しい時代に向かわなければいけない今だからこそ、古い考えを改めるべきではないでしょうか。

次の章では、「入居率100％」の核となる『外国人大歓迎』による不動産経営術」についての具体的な方法について掘り下げていきます。

外国人入居者の言葉①

外国人が快適に生活できる部屋が増えてほしい

スレスタ・マニサさん

26歳・ネパール出身・日本在住4年

将来、レストランを経営する夢を持っています。日本人の飲食店経営のノウハウとおもてなしの心を学ぶために、4年前に来日しました。現在もファストフード店でアルバイトをしながら、専門学校で勉強をしています。

日本に来た当初は、日本語学校の学生寮に住みました。学校では日本語の勉強だけでなく、買い物やゴミ出しの仕方など、日本の習慣や文化を教えてくれましたので、生活習慣についての苦労はあまり感じませんでした。学生寮で同じような境遇の仲間に囲まれていたのも大きかったかもしれません。

日本語学校を卒業後、友だちと3人でルームシェアして住んだのですが、友人が母国に帰国することになり、引っ越す部屋を探していたところに、ネパール人の知人が田丸さんを紹介してくれました。

田丸さんには、吉祥寺にある専門学校に通いやすい阿佐ヶ谷の物件を紹介してもらいました。私は学生で、あまりお金を持っていませんでしたので、引っ越しのための費用が安く済んだのは、とても助かりました。いろいろな不動産会社を回りましたが、日本で部屋を借りるためには、引越し費用のほかにも、部屋を出るための原状回復費用、新しい部屋の敷金、礼金、その他、さまざまな費用がかかるのには、本当に驚きました。

築35年のマンションでしたが、古さは感じませんでした。部屋はネパールの実家より狭かったですが、生活に不都合は感じませんでした。ただこれまでベッドで寝ていたので、床の上に敷いた布団で寝る習慣がなく、最初は慣れなくて大変でした（笑）。

専門学校での勉強とアルバイトで楽しく生活していたところ、ある日、「昼間、あなたの部屋が騒がしい。静かにしなければ、警察を呼ぶぞ」と日本人の住人から苦情を言われてしまいました。

しかし、昼間は学校やアルバイトに行っていてほとんど部屋にいないので、私が原因ではないのですが、直接、本人に返答するのは少し怖かったので、田丸さんに相談することにしました。

田丸さんは私の話を親身に聞いてくれて、隣の部屋の人などに聞き取りをしてくれました。結局、騒音の原因が私ではないことが分かったのですが、田丸さんと相談した結果、その時、ちょうど同じマンションの1階の部屋が空くことになったので、その部屋に移ることにしました（私はその時、2階に住んでいました）。

田丸さんと賃貸借契約をする時は、契約書の内容や生活上の注意点をネパール語で説明してくれたので、とても安心して契約することができました。契約書は難しい言葉で書いてありますので、母国語で説明してもらえるのは本当に心強いです。

友だちの中には、「学校から近い部屋を探して見つけても、外国人だからということで審査が通らず苦労している人もいる」と聞いていたので、私は田丸さんのような外国人に理解のある人に出会えて、とてもラッキーだったと思います。今は日本に来て4年が経ち、だいぶ慣れてきましたが、先に述べた騒音トラブルのように、外国人だからということで嫌な思いをすることもあります。部屋のことに関しては、田丸さんに相談すればよいので心配はありません。

賃貸借契約をする時に、今の部屋を引っ越す際に友だちを紹介すれば、原状回復費用が安く済むと聞いています。私が部屋を出ていく時は、友だちを紹介するつもりです。転居費用は少しでも安く済ませたいですし、部屋探しに苦労している外国人の手助けになればと思います。

田丸さんの会社のように、外国人にやさしい不動産会社が増えてくれれば、嬉しいです。

コラム③

外国人が占有する競売物件は、これからの狙い目かも!?

競売物件のうち事故物件や「いわくつき」の物件であることなどが理由で、買受申出人がいないケースがあります。その場合は「特別売却」といって、早い者勝ちの競売に移行します。それでも買受の申出がない場合は、「(売却基準価額を下げた)期間入札2回目→特別売却2回目→(さらに売却基準価額を下げた)期間入札3回目→特別売却3回目」という流れになります。それでもなお売却できなかった場合には、裁判所は競売手続を停止することができます。

2回目の特別売却になった、ある物件についての話です。本文でも触れましたが、競売には3点セットと呼ばれる「物件明細書」「現況調査報告書」「評価書」の入札資料があります。現況調査報告書に「外国人が占有している」という執行官の文言がありました。外国人の詳細は、日本語が話せないという以外は不明でした。立地もその他の条件も申し分のない都心の物件です。この物件は特別売却の2回目でやっと買い手がつきました。推測ですが、外国人の占有者がいることが理由でプロ・アマを問わず、避けられたのではないかと思います。占有者が外国人で日本語が通じなくても、通訳を雇って交渉すれば済む話です。特別売却ならば、通訳を雇っても価格的に十分に見合います。まずは占有者である外国人とコミュニケーションを取ろうとする気持ちが大切でしょう。

占有者に対する法律が整備されたおかげで、不動産投資において競売物件が注目されるようになっています。購入価格が市場の相場より格段に安いにもかかわらず、占有者が外国人だからという理由でチャレンジしないというのは、大きなビジネスチャンスをみすみす逃すことにならないでしょうか?

外国人だから危険、というのは偏見です。日本人だから安全、とする根拠はありません。今後、外国人入居者が増加し、占有者が外国人であるケースは確実に増えていきます。大都市の優良物件の競争が激しくなる一方で、不動産投資家にとって、外国人の占有がある競売物件はライバルの少ない狙い目になるでしょう。

もっとも、今後は競売制度として執行官をはじめ、裁判所側も通訳同行や、通訳アプリ等と連携してグローバル化を推進していく必要があるでしょう。

第3章 外国人を歓迎して賃貸経営を成功させる

第2章では、外国人に対する悪いイメージが、誤解と偏見によるものであるという実情を解説しました。

外国人を歓迎することはよいことばかりです。第3章では、具体例を挙げながら「外国人を歓迎することで、どのように入居率を高めていけるのか？」についてお話しましょう。

さまざまな形で、さまざまな国から外国人が来ている

不動産業界において外国人は避けられてきましたが、多くの外国人が日本に訪れるようになったことで、多くの事柄が変化しています。具体的に説明していきましょう。

各地でアジア諸国からの日本への居住希望者が右肩上がりの増加を続けていますが、最初にこの動きが目につきはじめたのは、20年ほど前でした。当時、インド人が作るインド料理が流行りはじめ、インド風のカレーやタンドリーチキンを売る店が、町で見られるようになっていました。

ネパール料理店を営む知人から聞いたところ、10年ほど前、日本でインド料理が流行っているというのを聞きつけたネパール人が大勢やってきて、インド風のネパール料理を出すようになったそうです。

日本で受け入れられたことで、さらにネパール人が増え、店を開くようになっていったようです。もちろん日本政府の外国人受け入れの政策も影響しているのでしょう。現在は、町のいたるところでインド・ネパール料理店が見られます。

高田馬場周辺ではミャンマー人も多数見かけるようになってきました。ここ数年ではベトナム人留学生も増えています。大塚周辺でアジア系飲食店が増加して、ベトナム人専門の仲介会社など、アジア系の外国人専門仲介会社も増えてきました。

私は、生まれも育ちも住まいも新宿区ですが、東京で外国人居住者が一番多い新宿区では、特に高田馬場から大久保・百人町・北新宿エリアは外国人だらけで、語学学校付近を歩くと、日本人である自分がアウェーのような錯覚を覚えるくらいに今は外国人が多いです。コンビニエンスストアでは店員を含めて、日本人は私一人しかいないということもあります。

大久保駅・新大久保駅周辺はかつては、コリアンタウンというイメージでしたが、最近はネパール人や東南アジア人・アラブ人のコミュニティも多く、タイ・ミャンマー等のアジア料理店や、母国の食材の仕入先のお店も増加しています。何人かのネパール人の友だちは大久保で食材を仕入れているそうです。

新型コロナウイルス感染症が流行し始めた頃、ネパール人に紹介された大久保のコミュニティ内の店舗で、当時貴重であったマスクの販売がされていて、購入しに行き、助かった記憶があります。同時期には、中国人入居者からもプレゼントされました。

このような時は外国人ネットワークが心強いと感じました。

昔も今も、日本で働くためにやってくる外国人の選ぶ職種は飲食業が多いですが、それ以外も増えています。ネパール国籍のリフォーム会社と近年取引がありましたし、ベトナム人やネパール人起業家の入居希望も多いですし、中国人IT起業家の入居希望も多いです。

日本で経営について学び、会社を立ち上げる人が増えているのです。店舗物件だけでなく、オフィス物件についても、今後の伸びが期待されます。後述する「事業用賃貸保証会社＋外国人専門賃貸保証会社」の最強タッグの賃貸保証を活用すれば、怖くはありません。

日本人が避けるワンルーム極小マンションの「3点ユニット」が、外国人相手には高効率の投資物件に変わる

バス・トイレ・洗面所が一体の「3点ユニット」物件は、日本人が嫌う傾向にありますが、外国人には喜ばれます。この話は序章で触れましたが、ここでは投資という視点から説明しましょう。

当社独自のアンケート結果では、外国人は、他が同条件であればバス・トイレ別の物件より、家賃が1万円ほどは下がる3点ユニットの物件の方を好みます。外国人は湯船に浸からず、バ

スで体を洗うという文化で育っている人が多く、トイレと浴槽が同じところにあることをあまり気にしないという文化面での相性のよさもあるのかもしれません。何より家賃が安い方がいいとのことです。

投資物件で考えた時に、日本人は3点ユニットの物件を避けるので、自然と「バス・トイレ別の改装をしなければ売れないのでは」という考えになっていくでしょう。改装工事を実施すると、多くのお金がかかります。管理会社やリフォーム会社がバス・トイレ別の工事を提案しますが、極小ワンルームの場合に行えば居室が非常に狭くなり、かえって入居率が悪くなり、費用対効果は最悪です。バス・トイレ別にしたところで、他のリフォーム・リノベーションがされていないのですから、中途半端な状態です。バス・トイレ別にすることを目的に工事費用を出すのであれば、バス・トイレ別の築浅物件に買い替えた方がいいでしょう。

しかし、**外国人向けの物件として考え方を変えてみると、3点ユニットがより好まれるのですから、日本人に人気のない物件に新たな価値と需要が生まれ、改装が必要なくなる**のです。

売買価格が築浅物件に比べてはるかに安い3点ユニットの方が、外国人を歓迎して空き室を改善すれば、投資効率が高くなるのは間違いありません。

外国人向け賃貸の場合、3点ユニットの物件の方が向いていると言えるのです。

駅から遠い物件でも大丈夫

一般に、駅から遠いというのは物件を選ぶ時にマイナス材料として働きますが、外国人にとっては事情が違うのです。初期費用と同様に「外国人は日本人よりコストを重視する」という事実につながります。

同じ条件で比較するなら、駅からの徒歩による時間ではおおよそ5分刻みで家賃が変わります。不動産賃貸ポータルサイトで確認すれば、5分以内、10分以内、15分以内で検索ができることに加えて、家賃が違うことに気づくでしょう。都内であれば、家賃相場が6万円程度の物件で、諸条件がほぼ同じであれば、家賃は駅から10分遠くなるごとに5千円ほど安くなります。多くの日本人なら「駅から10分、20分遠い物件にすれば5千~1万円家賃を下げられる」と言われても、駅に近い、家賃の高い物件を選ぶでしょう。

外国人は、個人差はありますが、歩くことを日本人ほど苦にしない人が多いのです。**日本ほど、鉄道網が発達している国はそうはありません。**それくらいの距離ならまるで気にならないという感覚があるのでしょうか。ネパール人の入居者と話をした時、「日本の鉄道網は便利すぎる」と言っていました。

当社の運営する、JR中央線「荻窪駅」徒歩18分の一棟アパートは日本人の感覚からすれば駅から遠いと敬遠されますが、半数以上が外国人入居者です。常に外国人に人気の物件であったことから、日本人と外国人との駅からの距離に対する感覚の違いが感じ取れます。

正確に言えば、**「駅からの距離」というだけの問題ではなく、「『駅からの距離』と家賃・初期費用とのバランス」**になるのでしょう。

駅が遠い物件は好まれないというのは不動産業界の常識の一つではあります。しかしそれは、あくまで日本人相手の常識ということに過ぎません。**日本人だけをターゲットにしていると埋まりにくい物件が、外国人をターゲットにすることで埋まりやすくなるという現実がある**のです。外国人を対象に考えると違う可能性が見えてくるという事実の裏付けになる事柄でしょう。

「初期費用の安さ」がポイントになる

3点ユニットで1万円、駅から10分遠くなってもう5千円と家賃を下げることはできます。不動産賃貸業の現実として「家賃の下げ幅にも限界がある」ものですが、初期費用なら限界なしに下げようがあるのです。

引越しを考えた時、敷金、礼金、仲介手数料、引越費用と、多くのお金がかかり、悩みのタネになります。日本人でもそう思うところに、**礼金といった慣習に馴染みがなく、物価の高い日本においては、外国人には、特に初期費用の高さは受け入れづらい**ものなのです。

出稼ぎに来られている方は家賃を支払いながら、仕送りをするわけです。留学生の中には母国からの仕送りがない場合は、認められているアルバイト時間（原則週28時間以内）で生活するのは厳しく、初期費用は少しでも抑えたいのでしょう。

以前、ベトナム人の入居希望者から、当社で空き予定の原状回復していない部屋にそのまま入りたいという問い合わせがありました。それ自体は大歓迎なのですが、「鍵交換は必須ですか？」と尋ねられたのには驚きました。事業用物件でも中国人の代表者の法人も、同様に、原状回復していない室内にそのまま入りたい旨と鍵交換の有無に関する質問がありました。業種が情報漏洩に厳しいアニメ制作関連会社だったので、さらに驚きました。

当社は防犯上からディンプルキーを推奨しており、交換費用は相場でも1万5千〜2万円はかかります。その料金なしで初期費用を下げてほしい、ということでした。

日本人の考え方からすれば、前の入居者が合鍵を持っているかもしれない状態で、その部屋に住むというのは、いささか不安です。女性なら間違いなく嫌でしょう。

所有者の立場から「もし警察沙汰になった場合、オーナーに責任が発生しますから、鍵交換は必須です」と説明しました。

日本人の感覚ではわかりにくいですが、外国人の感覚からすると「鍵交換するくらいなら、鍵交換費用を払わず初期費用を少しでも下げたい」と思っているのです。

繰り返しますが、**先進国である日本は諸外国、特に発展途上国と比べて物価が高い**です。東南アジアの人は「日本は物価が高い」と口を揃えて言います。物価が高い国で初期費用が高ければ、発展途上国の人にとっては負担が大きいのです。

設備については意外と気にしない

来日したばかりの留学生にとって家具家電付の物件が人気なのは間違いないですが、オーナーが家具家電を揃えることは「キャッシュアウト」します。また家具家電付の物件の多くはマンスリーマンションであり、1ヶ月単位の「定期建物賃貸借契約」で家賃が割高です。

家具家電付の物件でないと外国人の集客はできないのかというと、全くそうではなく、適切な家賃設定と初期費用を下げること、外国人に優しいことで十分に集客が可能です。

「どんな設備が外国人には喜ばれるのか」「日本人と違ったものを欲しがったりするのか」という点もオーナーとしては、気になるところではないでしょうか。

エアコンだけは、現在の東京の物件ではさすがに必要です。当社も全ての物件にエアコンは付いています。国籍を問わず必要な設備・備品になるのです。

その他の設備は、入居者にもよりますが、あまり求められていないのです。テレビはあった方がいいのではと、昔からの常識だと何故と思うかもしれませんが、外国人入居者に質問したところ、ほぼ全ての入居者がテレビはいらないと回答されました。テレビの値段が高いことも理由の一つでしょう。

今は、音楽も自国のコンテンツをスマートフォンやタブレットで見聞きできますし、ニュースも自国のものを見ているようです。

Ｗｉ－Ｆｉ環境についても聞いてみた結果、あれば便利くらいの感覚であり、積極的に求められてはいないようです。

オートロックについても、あれば便利なのでしょうが、オートロックの物件というのは、90年代バブル後半から流行した、極小ワンルームより少し広い物件が多く、オートロックなしの物件より家賃が高いです。ですから、家賃の安さを求める外国人には、あまり人気にならないようです。

日本人女性からすると防犯上は人気ですが、外国人からすると日本の治安は良いと認識されているからでしょう。もしかしたら盗難やスリ等、犯罪が多い諸外国で生活してきて自分の身を守る術を身につけているからなのかもしれません。

二重ロックではないオートロックは入居者が建物に入るのと同時に、強引に誰かが侵入することは可能なので、防犯性能が高いと思われていないのかもしれません。

宅配ボックスも、使われていないことはないようですが、AMAZON等の「置き配」を好むようです。新型コロナウイルス感染症が流行する前からの話ですが、ある中国人入居者は、「配達員の方は配送物は廊下に置いておいてください」と玄関ドアにメモ書きをしています。

今でこそ、AMAZON等の「置き配」が流行っていますが、防犯カメラがあり、「置き配」を抵抗なく積極的に利用するのであれば、外国人割合が多い物件では宅配ボックスの必要性は薄れるかもしれません。

築年数も気にしない

築古物件を見た時の感覚は、日本人の感覚と外国人で違っています。新築志向の強い日本人が物件情報を見た時、築30年となると詳しい内容を見なくとも、築年の数字だけで「う〜ん、それはちょっと!?」となる人は多いでしょう。

多くの外国人には、築30年の物件でも「全然古くない」「そんなに経っているなんて思えない」と感じるものなのです。

世界的に見れば、築30年くらいの物件は、古いと言われる年数ではありません。築古の建物を取り壊すことが多い日本の方が特殊なのです。地震大国であることも一つの要因なのでしょう。

築100年を越えた家に住んでいる人は、欧米だけでなく、アジア、南米でも結構いるものです。クラシックの伝統を好むヨーロッパでは「築年数が伝統を意味する」のでしょうか。以前、ドイツ人入居者が退去される際に聞いたところでは、築古物件に積極的に住みたい、と目を輝かせながら話されていたのが印象的でした。ちなみに転居先は退去した物件よりも、さらに築年数の古い物件でした。

それに対して、日本人は賃貸でも新築志向が強いです。荻窪駅近くの新築賃貸マンションは家賃が高いから諦め、職場まで1時間以上のアクセスと遠くなるものの、新築に住みたいということで、郊外の新築賃貸マンションに住むということすらあるのです。

単身用物件だけでなく、ファミリータイプ物件も人気

ファミリータイプ物件も外国人需要は高いです。特に、外国人はルームシェアを好みます。特徴的なのは母国が同じ外国人同士のルームシェアだけでなく、日本人と外国人のルームシェ

アという母国同士でないケースも意外に多いのです。

当社が運営するファミリータイプの物件では、アメリカ人女性と日本人男性のカップルや、韓国人留学生の女性と日本人男性や、ベトナム人留学生の女性と日本人男性が入居しています。日本人男性と外国人女性という組合わせです。ルームシェアは特に欧米で人気があるようです。

私の姉もオーストラリアで過ごしていて、常にルームシェアをして暮らしていました。借主代表として契約して、現地のオーストラリア人を含めてさまざまな国籍の人を集めて入居させていたようです。賃料は住む人数にかかわらず定額で、入居者が減れば、各自の負担が増えるそうです。

このようにルームシェアは必ずしも、母国の人同士ということはないようです。諸外国の文化を学べ、交流ができるという意味では他国同士の方がよいのかもしれません。

最強のストックビジネスのカギ「外国人入居の『無限ループ』」

外国人は同胞意識が強いというのは、すでに述べたと思います。

悪い方向に行くと「又貸しをする」という困った問題が生じますが、よい方向に向けられれば、賃貸経営にプラスに働きます。私が考案し、実践しているやり方を紹介しましょう。

部屋を退去するという時に、「次に同じ部屋に入居する人を探してきて、その人が契約してくれたら、紹介者（退去者）は退去時のルームクリーニング費用や原状回復費用を支払わなくてもいいですよ、と**あらかじめ契約時に告知する**」というものです。これを**入居者が退去するたびに繰り返す**のです。

退去時のルームクリーニング費用の相場には参考になる判例（東京地方裁判所判決平成21年9月18日）があり、〝家賃の半額以下〟が一つの目安となっています。

続けて同じ部屋に入居する人を探して、契約してくれたなら、退去者はルームクリーニング費用がかからないだけでなく、大きな汚れ・損傷等を除き、小さな汚れや損耗は考慮しなくてもよいことになり、原状回復費用を払わなくてもよくなります。

注意しなければならないのは、退去の時点で一度、室内の損耗状況を確認することです。写真撮影をして、署名をもらう等、いつの入居者によるものかを把握する必要があります。これを怠ると、次の入居者が決まらないで退去する場合、最終的な原状回復費用請求がややこしくなります。

もし**退去者が不測かつ突発的な事故で室内の壁や床に穴を開けたり、損傷させてしまった場合は、第１章「『田丸式・賃貸経営の極意』その⑥」で説明した家財保険のワイドプラン（借家人賠償責任補償拡大特約）の出番です。**

きちんと活用すれば、オーナー（貸主）も退去者も新たな入居者も、〝過失〟に関して負担するケースは生じにくいのです。

この手法にとって、借主（入居者）が加入する「家財保険」のワイドプラン等（借家人賠償責任補償拡大特約）は、必要不可欠と言えるのではないでしょうか。

日本人には抵抗があるでしょう。新築志向が強い日本人の感覚からすれば、小さな傷や「へこみ」など、前に使った人の痕跡、前の人が残した汚れは、できるだけ消してほしいものです。**外国人の場合は国別・性別を問わず、クリーニングをしない状態で入居してもいいという人が大半です。**外国人は、家賃や初期費用の安さに納得していたら、壁紙がめくれたり、小さな傷や「へこみ」に気づいたりしても、「ここに決めます！」となります。汚れもそれほど気にしません。**内見もあまり求められないですし、原状回復工事はなくても問題ない**という感じで、気にしないようです。

海外では不動産の中古流通市場が活発なことも、原因の一つかもしれません。外国人入居者はみな、「居抜き」で賃貸している日本の物件を「きれい」と言います。

もっとも、連れてこられた人や退去時の室内状況によっては、クリーニングや原状回復工事をしてほしいという方もいます。その場合は新しい入居者からの希望ということで、合意の上で費用を支払ってもらうか、空き室期間が発生しない等、オーナーにとってもメリットがあるのであれば、譲歩してオーナーが支払うのもよろしいかと思います。
カビだらけ等、あまりに汚い場合はオーナーで費用負担する等、状況や程度によって臨機応変に対応します。次の入居者を紹介していただいた以上、紹介した退去者が支払うことはありません。

実務上は退去時にルームクリーニング費用を支払う契約であれば免除し、入居時に支払っているのであれば退去者（紹介者）に返金します。

紹介していただいた謝礼というものも考えましたが、オーナーが「キャッシュアウト」するのとしないのとでは相当違います。退去者にとっては払うべきものを払わなくていい、という意味では謝礼をもらうのも変わらないかもしれません。

そういう提案をすると、外国人は強い同胞とのつながりを持っているため、退去する時に、入居希望の外国人を呼び入れてくれます。**ポイントは契約時にしっかりと伝えること**です。特約条項や覚書にして明記してもいいかもしれません。母国語にすると、より効果的です。

さらに**退去日と入居日の間が空かないように、入居者からの〝解約の申入れ〟の際にも、次の入居者がいるかの確認をして、入居希望者を連れてくるようお願いすると万全**です。忘れていたとしても、解約の申入れの日から退去日までの間に探してきてくれます。

人によっては、このつながりは民族、文化もあまり関係なく、同じ国籍にとどまらず、同じ外国人というくらいの大きなくくりでネットワークが形成されています。

つながりが持っている「連れてくる力（つながりを繰り返すという意味で、私は『ループ』と呼んでいます）」は大変強力なものです。「ループ」の力で知人を探してくれるので、空き室が発生しません。

語学学校では「ループ」の傾向が顕著で、違う国籍の方を連れてくるケースが多いです。たとえばコロンビア人の退去者がネパール人の語学学校の友だちを連れてきて、ネパール人が入居したこともありました。

現在は定期課金型のストックビジネスである「サブスクリプション」が流行っています。コピー機、楽曲や動画、ブランド品のレンタル等、数多くあります。「サブスクリプション」の弱点は「解約による収入の減少」ですが、**「解約しても同時に契約するストックビジネス」は賃貸経営以外では見たことがなく、外国人をターゲットにして、退去後、絶え間なく入居してもらう「ループ」を活用した賃貸経営は〝最強のストックビジネス〟と言える**のではないでしょうか？

究極の空き室対策
「外国人入居者によるＷｉｎ－Ｗｉｎ－Ｗｉｎのループ」

前の入居者が退去した後、間を空けず次の人が契約して入居してくれる場合、オーナーにとっても原状回復費用でキャッシュフローが減少しないのは望ましいことですし、退去の次の日に入ってもらえば、空き室期間が発生しません。

空き室期間が発生してしまった場合の「キャッシュアウト」について考えましょう。

当然、入居者を募集している期間は家賃が発生しませんし、内見の印象をより良くするための原状回復をするケースがほとんどでしょう。さらに、都心部や駅前の好立地を除けば、入居者が見つかったら、契約した際には「広告宣伝費」を支払うことになります。

一方、**当社が実践している「外国人入居の『無限ループ』」は、人が人を呼ぶ手法なので、原状回復費用も広告宣伝費もゼロにできます。客付けの効果は仲介会社に広告宣伝費を支払うよりも顕著で確実**です。

新しい入居者が、入居日を退去予定者の退去日に合わせるように上手く調整すれば、**空き室期間もゼロになるという理想の「ループ」が可能になる**のです。つまりは**空き室リスクがゼロになる**ということです。**退去時の賃料精算方法を「月割り」にする条項を契約書に盛り込めば、**

より効果的です。

注意点ですが、前の入居者の知人・友人ということで、入居時には、つながりが本当なのかの確認や身分証明書を用いた本人確認は徹底します。本人確認は信用照会サービス（一人千円程度）を用いるのが万全です。

この手法を発案したきっかけは、退去時にルームクリーニング費用を払いたくないと言ってきたネパール人男性の退去者とのやりとりからです。

私は「ルームクリーニング費用については契約書特約条項に所定の方法で記載してあり、承諾として貴方がサイン（署名）している以上は払っていただけますか？」と言いました。

彼からは「どうしても納得いかない。払いたくない」と強く言われました。私としても、「外国人大歓迎」という立場ですし、相手も資金面で辛いのはわかっていましたから、「それならば、次の入居者を連れてきて、ルームクリーニングをしない状態で契約してくれたら、払わなくていいですよ」と提案してみました。彼は**その日のうちに**、すぐに住んでくれる外国人の友人を見つけてきてくれたのです。**強固な外国人ネットワーク**を裏付ける事例です。

その時に、「これをやっていけば、**オーナー・退去者・新たな入居者の三者が、Ｗｉｎ－Ｗｉｎ－Ｗｉｎとなる『ループ』を作り出せる**のでは？」と閃きました。

その後、中国人に貸している店舗物件で解約の申入れを受けた際に、同じ提案をしたところ、居抜きで次のテナントをすぐ連れてきてくれました。

「ループ」の上手くいった経験が同時期に重なって「この方法は居住用・事業用にかかわらず、賃貸経営全般で有効に機能する」と改めて思いました。その後、契約書の見直しを含めて、時間をかけて磨いていき、現在に至っているわけです。

また外国人留学生との相性もよいのです。留学生は日本に来たばかりで初めて賃貸する場合は初期費用が安いことを望みます。**留学生同士のコミュニティは強固**なものでしょう。留学生の場合は短期入居のケースも多いので短期の「ループ」が繰り返しやすいというのも相性がよいです。

留学生の場合で短期解約を気にされるようでしたら、**契約時に短期解約違約金を設定し、仮に短期解約されても、退去時に次の入居者を連れてきてくれれば、〝短期解約違約金の支払いを免除する〟という「Win-Win-Winの『ループ』の仕組み」を意図的に作ればいい**のです。〝解約予告通知義務違反〟による違約金も同様です。

大切なことなので繰り返しますが、**ポイントは「ループ」を意図的に誘導する**ことにあります。契約時に説明する、解約の申入れの際に再確認する等、いくらでもあるのです。**退去者が「Win」となるべく、ルームクリーニング費用や違約金などの支払を免除することで、〝退去者が次の入居者を連れてくるモチベーション〟にもなります。**

「ループ」は一度築き上げたら、繰り返すことを意識してください。「ループ」の回数が多いほど、新たな入居者にとってのオーナーへの信頼も増すことになります。そして、**初期費用が安いだけでなく「外国人大歓迎のオーナー」と入居希望者が知れば、「外国人大歓迎の物件」に入居したいという動機にもつながるのです。**

入居の「ループ」が続くと賃料が下がらない

物件や立地、経済情勢にもよりますが、当社の事例では、居住用物件の賃料は10年スパンで5〜10％は下がります。新築であればあるほど下落率が高く、築30年ほどで下落率が緩やかになり、下げ止まりが続きます。

投資物件を購入する際にレントロールを見て、やたら高い賃料が記載されている場合は10年、20年、入居者が住んでいることが考えられます。別の見方をすれば、10年間、20年間、契約更新時も賃料を下げずに続いているとも言えます。

外国人に長期間入居し続けていただければ、賃料が下がる可能性は低いとも言えそうです。この考え方は賃料増減額請求権を特約で排除した「定期建物賃貸借契約」でも同じです。**前の入居者と同じ契約条件で貸すことがポイントで、賃料は下がりません。**

たとえば賃料6万円の物件で、10年間「ループ」が続いた場合、10年後も6万円で貸せるのです。通常なら10年分の減価、老朽化がありますから、賃料は下がっている可能性があります。入居者から次の入居者へ、契約は「同条件」で伝えているので賃料を下げることはないですし、初期費用を安くしたり、外国人に優しければ、魅力的なので賃料に対して口を挟んでくることはないでしょう。

「ループ」を続けられれば賃料低下が起こらないということは、資産価値の低下も抑えられるということになるわけです。

この手法が確立する前は、原状回復で室内の壁クロスや床CFの張替等の、一定の修繕費が発生し続けていました。今まで賃貸経営をしていく上で、修繕費のウエイトは大きかったのですが、損益計算書上の修繕費が大幅に削減できるようになりました。

現在、**当社が新型コロナウイルス感染症の流行による景気悪化にもかかわらず、賃貸経営で過去最高益を出せているのは、空き室がなく原状回復費用もかからないから**というわけです。

オーナーとしては、原状回復費用が発生しないのは大きなメリットです。

賃貸経営において原状回復費用が占めるウエイトというのは、賃料が安いほど重く、原状回復費用を節約できるシステムを作るというのは、賃貸経営を「事業」と考えた時、非常に有効なのです。

たとえば単身用ワンルームマンションの平均入居期間を2・5年とした場合、10年間の長期スパンで見れば、原状回復費用は最大で4回発生し、累計キャッシュフローには大きな差が生じていくことになります。

先に紹介した一般的に流行っている空き室改善策はすべて「キャッシュアウト」するものでした。キャッシュアウトすることで何らかの業者が儲かるのです。

対して、この「ループ」の手法は、原状回復を実施しない、すなわち**「キャッシュアウトしない空き室改善」**となり、オーナーにとって最も大切となる手法ではないでしょうか？

①借りたくても借りられない外国人が多い現状で、日本では人口が減少し、グローバル化して、外国人の需要は年々増加している

②「キャッシュアウトしない空き室対策」

私は①と②を結びつけることに成功しました。

日本にいる外国人への支援という社会貢献にもなり、退去者・新入居者・オーナーにとってもメリットとなるのが、賃貸経営の最強の「Win-Win-Win-Winの『ループ』」なのです。

次に、**「Win-Win-Win-Winの『ループ』」が7回続いて、空き室期間が1日たりとも発生していない事業用物件での実例**を紹介しましょう。

事業用物件はさらに「ループ」が生まれやすい

事業用物件の場合は、居住用物件より退去と入居の「ループ」が生まれやすい傾向があります。事業用の場合、特に店舗物件では、スケルトン貸しと言われる内装や設備等がない、コンクリート等むき出しの状態での賃貸となります。

退去者は壁紙もカーペットも何もない、内装や設備等が全くない状態に戻さなければなりません。費用だけでも、専有面積が１００㎡を超えれば、最低でも数百万円規模の原状回復費用を借主が支払う必要がありますので、退去者が店を畳む場合等は死活問題になりかねません。それが、同内容の契約条件で「居抜き」の状態で入居してくれるテナントを連れて契約すれば、資金の流出となるはずの数百万円を払わなくともよくなります。

ですから、**居住用物件の場合と比べて、次の入居者を連れてくる「ループ」のパワーが格段に働きます**。お店を畳もうという人は経済的に余裕がない場合が多いでしょうから、なんとしても次に入居してくれる人を探そうとなるようです。

当社が扱っている物件で、７代に渡って、前の代が退出された後、すぐに次の借主が決まり続けている中華料理店があります。**７回契約している中で空き室期間がゼロ**です。**一日たりと**

も空いていないことになります。

その物件は一族で使ったり、特定のコミュニティの人が使い続けているわけではなく、時には、台湾人であったり、店主の出身地とは関係ない出身の方が借主だったこともあります。

きっかけは、当社で扱っていた飲食事業用の物件を、中国人専門の仲介会社の紹介により、15年の「定期建物賃貸借契約」で中国人に貸したことでした。

契約から2年後、解約まで残り13年ぐらいで、借主から連絡があり、「もう飲食店をやめて古物商をやりたいから退去する」という話になりました。

中途解約権を留保しない（中途解約できない）「定期建物賃貸借契約」を締結していますから、契約書上だと借主は、残り13年分の賃料相当額を支払うことになります。全部払うと600万円くらいです。

さすがに、判例上も認められず、暴利ですから、一案を考えました。

「13年の残存期間がありますが、同じ契約終了期日と契約内容で『定期建物賃貸借契約』を結ぶことを条件にして、新しい入居者を連れてきて契約してくれれば、残存期間分の賃料相当額を一切払わなくていいですよ」と提案しました。すると、彼はなんと**1日で条件に合うテナントを連れてきた**のです。強固な外国人ネットワークには再度、驚かされました。

長期間かつ中途解約が難しい事業用の「定期建物賃貸借契約」と、次の入居者を連れてきて

くれる外国人の〝つながりの強さ〟が上手く組み合わさった結果で、誰もが得する、三者の「Ｗｉｎ－Ｗｉｎ－Ｗｉｎ」になっています。

退去者は数百万円ほどかかる原状回復費用だけでなく、「中途解約違約金」を払わずに済みましたし、次の入居者も居抜きで、改装費用は看板を新しくしたくらいで、格安で店を始められたと思います。オーナである当社も空き室期間が全く発生していません。

全員が嬉しいという状況を、外国人の〝つながりの強さ〟が実現させたのです。

金額が大きいので「Ｗｉｎ」の力は、居住用物件の比ではないのかもしれません。

事業用物件の定期建物賃貸借契約は「ループ」の効力が倍増

事業用物件で、特にスケルトン引渡しの場合は、本来、退去時に発生する高額の原状回復費用が発生しなくなるのは、「居抜き」という形で「ループ」を助長しやすい、というのは先述のとおりですが、この物件は、中途解約権を留保しない**「定期建物賃貸借契約」であったため、「ループ」の効力が、通常の事業用物件に比べてさらに倍増されたの**です。

中途解約権を留保しない「定期建物賃貸借契約」では中途解約ができず、やむを得ず中途解約する場合は、契約上は残存期間中の賃料相当額を支払わなければならないわけです。

借主の負担を和らげるために、「やむを得ず中途解約する場合は、同条件で次の入居者を連れてきて契約した場合に限り、『中途解約違約金』を支払わなくてよい」と**契約時に伝える**ことがポイントです（もっとも、4年の賃貸借契約の中途解約違反では、1年を超える残存期間分の賃料相当額を違約金とするのは、公序良俗に反するため、1年を限度とした残存賃料を支払う旨を認めた判例＝東京地方裁判所判決平成8年8月22日があります）。

この場合、退去日の翌日に次の入居者が入居するのが理想です。もし退去と入居の日付を合わせるのが難しい場合は、「次の入居者が入居する日までは退去者は賃料を支払う」という条件で中途解約を認めれば、空き室のロスはないので、貸主・借主の双方にとっての「Ｗｉｎ」となります。

新型コロナウイルス感染症の流行のように経済情勢次第では中途解約せざるを得ない場面も出てくると思います。「定期建物賃貸借契約」締結時点で、この旨を伝えれば、借主も最悪の場面を想定して、事前に次の入居者の検討をして、連れてくる準備をするのです。

「貸主（オーナー）－借主－次の借主」の三者のＷｉｎは7代続いているので、実際は、**「Ｗｉｎ－Ｗｉｎ－Ｗｉｎ－Ｗｉｎ－Ｗｉｎ－Ｗｉｎ－Ｗｉｎ」が出来上がっている**わけです。成功のカギを握るのは、中国人は同朋意識が強く、コミュニティが発達しているということです。中には中国本土の人が日本でお店を開業したがっているとのことで、借主から紹介を受けたケースもありました。

借主が変更する場合は「契約名義変更覚書」ではなく、「『賃貸借契約の解約』及び『新規賃貸借契約の締結』」とすれば、礼金や保証金の償却分はオーナー(貸主)の収益になりますので、オーナーにとっては後者の方がメリットとなります。90年代バブルの賃貸経営全盛期では入退去を繰り返して礼金収入で儲かるオーナーもいましたが、今回のケースは三者の「Ｗｉｎ－Ｗｉｎ－Ｗｉｎ」が特徴的なのです。

「契約名義変更」とする場合には、事前に賃貸借契約の特約条項で「名義変更手数料」の金額を設定し、オーナーが頂戴するようにしておきましょう。

当社では事業用の「ループ」の場合は、初期費用を安くするために礼金を取らず、保証金は理由があって償却します。

なぜなら、「**保証金償却分も次の入居者を連れてくる場合には免除する**」こともできるからです。たとえば保証金償却額が20％だとすれば、「次の入居者を連れてきた場合は20％償却分を免除します」という告知（**ただし空き室期間が生じないことが条件**）をしておけば、高確率で次の入居者を連れてきてくれます。

退去者からすれば、スケルトンにする原状回復費用だけでなく、保証金償却分も返ってくるというのであれば、喜んで積極的に次のテナントを連れてきてくれるのです。次のテナントも外国人が飲食事業を営むことを理解してくれるオーナーが少ない中、歓迎してもらえるので、喜んでいただけます。

もっとも税務会計上、保証金償却分は契約締結時に返還を要しないことが確定し、収益計上しますので、一度収入計上した償却分を免除（返金）する場合、少し面倒となります。

ちなみに保証金償却分免除のアイデアは中華料理店の借主（入居者）が退去される際に「私が頑張って次の入居者を連れてきたのだから保証金20％償却分の返金は当たり前よ！」と言われたことがキッカケです。法律上は一切返金義務はないのですが、「ループ」を助長する後押しとしては強力ですので、今では彼女に感謝しています。

「店舗・オフィス物件から居住用物件への『ループ』」

外国人が代表者の中小企業や個人事業主は、店舗、オフィスともに、外国人社員や外国人スタッフが多いものです。

代表者が中国人であれば中国人スタッフを採用しますし、韓国人であれば韓国人スタッフを、ネパール人であれば、ネパール人スタッフを採用します。

当社が外国人大歓迎のもと、賃貸経営をしていると知ると、外国人代表者から「うちの外国人労働者へ部屋を貸してください」と頼まれます。

中国人テナントが、「本国在住の人を呼び寄せるから部屋やオフィスを貸してください」と依頼するケースも多々あります。常に満室なので、期待に応えることができないのです。

二度目の緊急事態宣言が解除される直前のことです。入居者が解約の申入れをして、まだ退去されていない居住用物件で、次の入居者として外国人が成約されました。もちろん退去者も外国人です。新たな入居者は当社がオフィスとして賃貸している外国人テナントの正社員だったのです。国内にいる留学生でしたが、卒業後に帰国せずに日本でお仕事をされるそうです。

留学生が帰国せずに、日本で就職されるケースは増加してきていると思います。

賃貸物件の場合、社員は職場の近くに借りたいケースも多いでしょう。今回のケースは勤務先である荻窪本社に近い、荻窪の居住用物件を借りたわけです。

以上のように、**店舗・オフィス物件のテナントの外国人スタッフを、居住用物件に住んでもらうといった「店舗・オフィス物件から居住用物件への『ループ』」も形成されます。**

外国人テナント内で「外国人大歓迎」を広めてもらえれば、「店舗・オフィス物件から居住用物件への『ループ』」の拡大も期待できるのではないでしょうか。

日本人の場合の「ループ」はというと……

日本人相手となると、居住用・事業用にかかわらず、居抜きの「ループ」は難しい傾向があります。居抜きの物件で退去する方が次の入居者を連れてきてくれるケースはあったとしても、一回きりで終わってしまう傾向があります。「せっかく自分のお店をやるなら、新しい物件で」という新築志向が強く、自分の店を最初から作り上げたいという考えが一般的で、居抜きという借り方が浸透していないからでしょう。

外国人は、居抜きを気にしないというのも大きいです。日本人の場合、綺麗な内装なら居抜きも大丈夫、というような希望・条件をつけることもあるのです。

借主が写真スタジオを営む日本人の個人事業主の事例ですが、先ほどの中華料理屋と同じで、解約権を留保しない（中途解約できない）「定期建物賃貸借契約」で賃貸中のところ、中途解約をされました。

「残存期間分の賃料を支払えないです」と悲観され、次の借り手も見つけられないそうです。「次の入居者を連れてきて入居してもらえれば中途解約違約金を免除する」旨は、先ほどの中華料理店同様、契約時に理解できるよう説明したはずです。

もっとも、当社がすぐに次の外国人テナントを見つけて契約しましたので、退去したテナントからは感謝されました。

ビジネスの真剣度は外国人の方が上なのではないでしょうか？

外国人独特の絶大な口コミ効果

コミュニティの中で話題になれば、「あの物件のオーナーは『外国人大歓迎』とハッキリ謳っていて、長い間、同胞が世話になっている。だから信頼ができる」となります。外国人に対して差別や偏見があるところは、少しくらい初期費用や賃料が安くとも、知人を連れていこう、ということにはなりません。強力なつながりを持った口コミがあるがゆえに、一度悪い評判が出ると、瞬時に広まっていくことにもなるでしょう。

連れていく側としても、知人には良い部屋に入居してほしいと思うものです。

コミュニティとのつながりが続くほど、「ループ」の回数が多いほど、借りる側と貸す側の信頼度が深まり、延々と続いていく「ループ」を作り出していけるわけなのです。

中国人とネパール人はともに口コミ効果が絶大です。同胞意識が強いのでしょうか？ たとえば当社の運営する店舗事務所ビルでは1階がすべて外国人による契約となっています。中華料理店とインド・ネパール料理店です。本社の事務所からも近いので私も昼食で頻繁に利用しますが、常に中華料理店なら中国人、ネパール料理ならネパール人が客として昼食や夕食をとって母国語で店員さんと仲良く会話をしています。

居抜きではエアコンや換気扇、スピーカーなどが譲受けた物または残置物扱いの場合は、入居中のメンテナンス等は借主が実施します。両店舗の設備・備品の修繕等をするリフォーム業者もそれぞれ中国人・ネパール人で日本語がペラペラで上手なのです。特にネパール人が経営するリフォーム業者は初めてのことで新鮮でした。

各外国人リフォーム業者は専門分野であるリフォームで母国語と日本語を使いこなせるので、仲良くなれば「外国人大歓迎」の賃貸経営にとってプラスとなるでしょう。

人のつながりを作り出すためには

「Win-Win-Winの『ループ』」を作るためには、人のつながりが大切です。そのためには、**心の底から外国人を大歓迎する気持ちが必要です。外国人を苦手に思い続けていたり、偏見を持っていたら、「入居率100%の『ループ』」なんてできるわけがない**のです。

社会貢献として、入居するのが困難とされている外国人に対して、誠実な心で支援したいというサービス精神がなければダメなのです。

外国人とは文化や価値観の違いがあるのは当然です。文化や価値観を理解して、認めてあげましょう。**価値観に関して、日本人にとっての「デメリット」は、外国人にとって「メリッ**

ト」**となる**のです。

当社では外国人と直接契約する場合、内見なしを希望される場合を除き、セルフ内見はさせずに、必ず案内して立会います。外国人と直接対面して会話し、コミュニケーションを取るためです。たとえば、日本に来るのが初めての留学生等は、土足で入室する習慣が多いのです。

日本人からすると土足で入室するという感覚には馴染めないかもしれませんが、外国人と会話する中で、**「日本に来るまで土足で入室してきたから、部屋を決める際に、床の『へこみ』や傷等は気にしないわ」**と言われたことがあります。土足の場合は床に傷や汚れがつきやすいからでしょうか。コミュニケーションを取ることで、気づかない部分が見えてくるのです。

日本人は新築志向で床の傷や汚れを気にする方は多いですが、カビ等、誰が見ても嫌がるような余程のことがない限り、床CFやフローリングの張替をしていない中古入居に対して外国人は気にしない、というヒントにもつながりました。

オーナーという立場だけでは、外国人の入居者と出会ったり、ゆっくり話すタイミングが生まれにくいため、コミュニケーションを取りづらいというのは確かにあります。

一番いいのは、仲介会社と入居希望者が内見の際に話をする時に、オーナーの立場で同席して、その場で「外国人を応援しています」という姿勢で、フレンドリーにコミュニケーションを取ることだと思います。契約時に同席して「ループ」の案内をし、次の入居者候補を検討してもらうこともよいでしょう。内見時や契約時に話ができれば、それだけでお互いへの信頼感が高まります。オーナーが「外国人大歓迎」とわかれば、物件に難がなければ外国人は入居したいと思うようになります。**普段のコミュニケーションが退去時、新たな入居者への「ループ」を続ける手助けとなるのです。**

外国人からの英文メールでの問い合わせに返信してみよう

英語は世界中で通用する言語です。日本国内において、外国語で外国人入居者とのコミュニケーションを取る際に一番使用頻度が高いのではないでしょうか。

先日も退去予定のある居住用物件へ、九州在住のフィリピン人から英語で問い合わせが来ました。東京で就職することになったそうですが、2点の質問がありました。

一つ目は「東京に来ない状態での遠隔での契約が可能か？」という内容です。

二つ目は「クレジットカード決済は可能か？」というものでした。

第1章「『田丸式・賃貸経営の極意』その⑧時代の変化に対応して、デジタルを駆使する」でお話した内容を映し出すような事例です。

英語が得意なオーナーは、入居の問い合わせメールが英文で来た場合、仲介会社や管理会社から転送していただいて、外国人入居希望者と交流することにより、外国人を歓迎する心構えや習慣ができるのではないかと思います。

日本語が話せてもメールや文章にすると漢字が難しいという外国人もいますので、英語で対応する必要も少なからず生じてきます。

入居希望者から英語の文章で問い合わせがあった場合は、日本語で返信しているようではダメです。慣れれば定型文のように、英文対応フォーマットを保存して、引き出して、アレンジして使えるようにもできます。グローバル化時代においては、英文対応ができないのは望ましくないでしょう。

英文対応フォーマットを作成する上では、Ｇｏｏｇｌｅ翻訳は精度が高いのでお勧めします。現在は「ココナラ」のようなスキルシェアサービスや「クラウドワークス」、「ランサーズ」のようなクラウドソーシングが盛んで、翻訳活動を行うギグワーカーも多いので、英文対応フォーマットを作成してもらうのもよいのではないでしょうか？

外国人の連帯保証人はどうするのか？

かつては部屋を借りる際には、連帯保証人が必須でした。核家族化や多様化とともに人間関係が希薄になった現代では、「連帯保証人を誰に頼むか？」と思い悩む人は多いでしょう。日本人でさえそうなのですから、外国人の連帯保証人は大丈夫なのか、と心配になるのはもっともなことです。

しかし、時代が変わりました。**今は連帯保証人ではなく、賃貸保証会社を利用する時代になっている**のです。賃貸保証会社は、連帯保証人に代わり入居者の多くの債務を保証します。**賃貸保証会社と保証委託契約を締結することで、外国人も連帯保証人の悩みから解放される**のです。令和2年に改正民法が施行されましたが、オーナー(貸主)側としては、賃貸保証会社を利用した場合、連帯保証人の債務の上限である「極度額」を定める必要がないので、賃貸経営において大きなメリットになります。

賃貸保証会社を利用する場合、連帯保証人を頼むより初期費用が増えます。プランによって違いますが、家賃の半月~1ヶ月分が初期費用に追加されることになります。しかし、それ以上の利点が確実にあると言えるでしょう。

——さて、賃貸経営において、「外国人を歓迎することで、どのように入居率を高めていけるのか?」についてご理解いただけたでしょうか。

次の章では、外国人ならではの問題を総合的に解決してくれる、外国人専門の賃貸保証会社や外国人専門の仲介会社というのが、どういうものなのかを中心に解説していきましょう。

外国人
入居者の
言葉②

外国人が日本でビジネスを始める時は、物件探しが最初の壁になる

日発株式会社
代表取締役
大田明寛さん

44歳・中国福建省出身・
日本在住21年

私は福建省出身の中国人です。2000年4月に、留学生として日本に来ました。日本語学校、大学、大学院で勉強をして、その後、就職し、独立して自分の会社を設立しました。現在は、ソフトウエア開発会社を経営しています。

田丸社長と出会う前には、豊島区大塚にオフィスがありました。そこが手狭になってきて、新しいオフィスを探していた時に、田丸社長の不動産会社が所有するJR中央線荻窪駅から徒歩4分の角地という好立地の物件を見つけました。

事業用物件の場合、保証金（敷金）がとても高額で、家賃の12ヶ月もかかる物件もあります。そうなると、高額な保証金が移転の大きな足かせになってきます。田丸社長の物件はオーナーと直接契約なので仲介手数料・礼金がなく、移転のための初期費用をとても安く抑えることができました。加えて、部屋の広さは2倍になったにもかかわらず、賃料は以前とそれほど変わらずに済みました。当時はまだ会社が小さかったので、とても助かりました。

初めて田丸社長の会社から部屋を借りたのが、2014年4月。その後、事業が拡大していき、同じビルに2部屋、3部屋と借りて、現在は5部屋を契約しています。田丸社長と出会った当時は10人だった社員が、現在は150名になりました。今も同じビルに良い物件が空けば、すぐにでも借りたいと思っています。オフィスだけでなく、荻窪飯店という中華料理店のオーナーもやっていて、それも田丸社長から借りています。

最近はだいぶ変わりましたが、かつて中国人の評価はあまりよくありませんでした。私が会社を設立して、初めてオフィスを借りようとした頃は、私の経験では、問い合わせた不動産会社のうち、半分以上は外国人を警戒しており、外国人には貸したくないという印象でした。

安全で民度が高く、市場規模の大きい日本でビジネスを行うことは、外国人起業家にとって、とても魅力があります。また外国人起業家が成功することは、雇用を生み出すなど、日本経済にとってもメリットがあります。外国人として日本でビジネスを行ってきた私としては、この問題を解決するためには、お互いの歩み寄りが何より必要であると思います。

まず外国人が日本の文化や習慣に馴染んで、マナーを守って日本人と付き合うことです。北京オリンピック以降はだいぶ変わりましたが、中国人は元来が強い者勝ちという民族で、あんまりルールを守りません。電車やバスを待つのも日本人のように律義に並ぶことはなく、基本的に場所の奪い合いです。自己主張も強く、ともすれば大声を出して、まくし立てるようになりがちです。

規律と調和を重んじる日本人から受け入れられるためには、このような態度を改めて、日本人と同じく社会のルールを守ることが大事です。最初は苦労するかもしれませんが、日本人にもきっと理解されると思います。

日本人の不動産会社やオーナーには、外国人だからという理由で門前払いをしないようにお願いしたいです。外国人を好きになってほしいとまでは言いませんが、外国人も日本人と同じ基準で審査をしてほしいと思います。

このようにお互いが歩み寄っていけば、時間はかかるかもしれませんが、外国人起業家が抱える物件探しの悩みは解消されるはずです。

私自身は長く日本に住むにつれて、日本がどんどん好きになっています。来日する前は、中国で大学教授になって、日本で学んだことを生かしていきたいと思っていましたが、今は日本でこのままビジネスをしていきたいと思っています。

田丸社長にはとてもお世話になっていますので、知人の経営者がいたら紹介したいのですが、今は空いているところがないみたいですし、よい物件が空いたら、知人に教えるより私が借りたいのが本音です（笑）。

コラム④

子どもにも「お金の教育」が必要な時代になった

日本を含む資本主義の世界では、これからの時代は貧富の格差がますます広がっていくでしょう。貧富の差を生む大きな分かれ目の一つが、「お金に対するリテラシー＝ファイナンシャルリテラシー」です。

ファイナンシャルリテラシーとは、ひと言で言えば「お金に関する知識」を意味します。ファイナンシャルリテラシーを身につけることで、お金の持つ「経済的価値」の活用（稼ぐ・貯める・運用・守る）ができます。

貯蓄好きの日本人よりも欧米人の方が投資に積極的と言われますが、特にアメリカ人と日本人の差は顕著です。アメリカでは独立系金融アドバイザー（ＩＦＡ）が普及していて、ファイナンシャルリテラシーも日本より広く普及しています。投資に対するスタンスの違いは他に理由もさまざまで、たとえば狩猟民族・農耕民族といった民族・国民性の違いは、リスクやリターンの許容範囲に影響します。

アメリカ人は建国の歴史から「起業家精神」が身に付いていて、リターンに積極的です。一方、第二次世界大戦の敗戦国である日本は貯蓄が必要であり、年功序列・終身雇用を生み出し、銀行預金の金利が5％を超える時代では投資が不要でした。日本の90年代バブル崩壊では、株式・不動産投資をした投資家の多くが失敗を経験し、最も安泰なものとして預金が根付くことになったことも原因の一つでしょう。

日本人は稼ぐ・貯めるが得意のようですが、お金を増やすこと（運用）には不慣れのようです。お金を増やすには「節約と投資」が基本です。節約は「性格（忍耐等）の訓練と習慣」、投資は「思考の訓練と習慣」が必要だと思います。投資における必要な思考といえば、「経済合理的な思考」と「先を読む思考」です。

「先を読む思考」、この分野で能力がある方は「先見の明がある」と呼ばれています。

世界的に著名な投資家であるウォーレン・バフェット氏は常に将来を読み、経済合理的な考えを重視し、徹底していることで有名です。資産運用というものは、その時点だけを見て判断するのではなく、過去から将来につながっていく時間軸の中で判断するものなのです。すなわち過去から学び、現在の動向を注視し、将来を考えます。アインシュタインが人類最大の発明といった「複利」は、「現在→将来」を意識しているものです。「貨幣の時間的価値」の考え方等、経済・金融に長けている方、数字が得意な方に富裕層が多いのも納得できます。

貨幣だけでなく、物事の「価値」に敏感になることは、節約にもつながります。浪費癖とまでいかずとも、ついつい衝動買いをしてしまう人はどこかで失敗します。徹底的な節約の習慣がある人が、最終的には成功をつかめるのです。

節約をするために必要なことはまず、見栄を張らないことです。不動産投資家は見栄っ張りが多い気がします。賃料収入を得てから、節税目的でなく海外旅行に行ったり、高級車を購入したりと……。総資産額、棟数・戸数自慢から借入額の自慢まですることもあります。「総資産額が100億円・借入金99億円の純資産額1億円」よりは、「借入金無しの純資産額2億円」の方が安全です。1戸賃料2万円の地方物件を50戸所有しても、都心で賃料が1戸100万円を超える物件より収入が低いですし、棟数や戸数自慢をしても意味がないものです。

不動産投資をされるのであれば、まず、節約ができるようになってから不動産投資に挑むことです。節約すらできずにフルローンをして、ラクして儲けようというのでは、ファイナンシャルリテラシーが足りず、投資（事業）に行き詰まります。

投資の世界では株式、債券、現物不動産、金等、商品にかかわらず、皆が買っているから買おうというのが一番危険です。投資は自己責任なので、皆が購入しているから購入するというのは自己責任がないわけです。

逆に、富裕層は周囲に左右されません。富裕層が「ケチ」というのはファイナンシャルリテラシーの観点からいえば少しは当てはまります。「ケチ」というと聞こえは悪いですが、価値のあるものにはお金をかけ、価値のないものにはお金をかけない、それを徹底することが投資（事業）で成功するための王道です。富裕層は周りから「ケチ」と言われたところで、お金に対するリテラシー（貯める・守る）を徹底していると理解していますので、周囲を気にしないのです。

私には子どもが二人いますが、子どもたちにはファイナンシャルリテラシーをきちんと教えていきたいと考えています。まずはゲーム感覚からですが、少し大きくなったらお小遣い等、身近なものから運用もさせるつもりです。ゲーム感覚なのでリスクは実際に負わないものにしますが、失敗の原因と成功するための策を、根拠をもって考えてもらい、「本番の投資はリスクがあり、自己責任である」という認識をしてもらいます。

投資せずに貯金をしたとしても、それは浪費（マイナス）を減らす（マイナスはプラス）意味で立派な「節約」です。マイナスのマイナスはプラスになります。投資で成功をしても浪費が激しければ、再投資ができずに、投資が長続きしません。家族で一緒にすることにより投資が身近なものと感じられるかもしれません。

お金の教育をして、お金に対する知識をある程度身につけた暁には、子どもたちにも、自らの意思と自己責任で投資をしてもらいたいと思っています。経済合理的思考に基づき、先を読む思考と節約の習慣があれば、成功してくれると確信しています。

不動産投資の規模を拡大していく上で、避けて通れないのが、相続（会社を設立している場合は事業承継）です。相続人が莫大な財産を相続したとしても、ファイナンシャルリテラシーがなく、浪費ばかりしては財産を維持できません。また知識がなければ、いろいろな方面から手を伸ばしてくる悪徳業者から守ることもできません。財産は築くことも難しいですが、財産を維持することはそれ以上に相当難しいのです。維持することの難しさは身をもって知るしかありません。

子どもにやってはいけないものとして覚えてもらいたいものは「投機」です。「投資」と「投機」は違います。私は信用取引や先物、仮想通貨には株主優待で無料でプレゼントされるものを除き、手を出しません。

一攫千金を狙うギャンブルとしての投機ではなく、「論理的思考」を駆使し、中でも経済合理性を重視して、たとえばなぜ利回りが良いのか、利回りは良いけれどリスクは高いのか等、しっかりと見極めてから投資すべきです。

世の中は資本主義を超えて超資本主義へと突入してきていると思います。貧富の差がより拡大し、長寿大国である日本においては年功序列・終身雇用制度が崩壊し、働いて給与所得のみを稼ぐというのは将来を見れば頼りないものです。

日本では副業が大分解禁されてきて浸透し始めています。副業で収入を稼ぐことは確定申告を提出する立派な個人事業主です。そこから株式会社を設立すれば小さくても立派な資本家です。子どもが学生中の起業をするのであれば、全力で後押しをします。

また学校ではお金の教育はされず、怪しいセミナー等では騙される可能性があります。親だからこそ、教えられるという形で、どんなに小さくても資本家という感覚を忘れないように、投資にチャレンジしてもらいたいと願っております。

第4章

外国人専門の賃貸保証会社と仲介会社の台頭が外国人の入居環境を変えた

「外国人大歓迎」を実現するには言葉の壁に加え、文化やルールの違いの説明、契約書等の周知徹底、トラブルへの対応など、解決しなければいけない問題がいくつもあります。

そのような事柄に総合的に対処してくれるのが「外国人専門の賃貸保証会社」や「外国人専門仲介会社」です――と言われても、あまり耳慣れない人が多いと思います。

そこで、この章では当社がこれまで難しいとされていた「外国人大歓迎」の賃貸経営と長期間にわたる「入居率１００％」を達成するための大きな力となった外国人専門の賃貸保証会社や仲介会社が、いかなる存在であり、どのような役割を果たすのかを説明します。

外国人専門の賃貸保証会社とはどんなもの？

外国人専門の賃貸保証会社とは文字通り、外国人のみの賃貸保証サービスをしており、日本人の賃貸保証は行っていないのです。同時に外国人入居者の生活総合支援サービスを行っています。その業務はさまざまで、部屋探し・外国人の人材派遣や人材紹介サービスなども行っています。

最古参で、現在急成長中の「株式会社グローバルトラストネットワークス（ＧＴＮ）」は、創業15年と歴史はありますが、15年前は外国人入居は今よりももっと厳しい状況に置かれていました。

今は、そういった業務を行う会社も増え、大手企業では、㈱ウィルグループの「ＥＮＰＯＲＴ（エンポート）」などがありますが、一番メジャーで、実績面で私が現在においても最も信頼を置いているのはＧＴＮです。

ＧＴＮには多言語を駆使する外国人スタッフによる仲介部門があり、入居者を紹介してもらえるのも大きなメリットでした。仲介業務だけではなく、入居者の生活面もサポートするＧＴＮと良好な取引ができたからこそ、当社は「外国人大歓迎」を謳うようになり、それを見た他の仲介会社も「外国人入居であれば田丸ビルに」と振ってくれるようにもなり、ビジネスの幅が広がりました。

またＧＴＮでは、国内外に住む外国人向け部屋探しから、内見、契約までを非対面で完結できる「Ｗｅｂ会議システムを活用した外国人専門オンライン仲介サービス」を実施しています。利用者は無料で、日本に来る前から活用できることがポイントで、部屋の採寸や、コンセントの位置、電波が通じるか等はスタッフがすべて確認するそうです。

今では、「外国籍専用プラン」といった、外国人専門の賃貸保証会社でなくても外国語対応している賃貸保証会社も増えてきました。国土交通省によれば、外国人の言語対応サポートを行っている登録家賃債務保証業者は、令和元年10月28日時点で30社になります。

日本セーフティー㈱では「親権者同意書」が英語、中国語、韓国語、ベトナム語、ポルトガル語、ネパール語、シンハラ語などにも対応し、「外国語母国親族連絡票」もあります。保証委託契約書が〝外国語対応〟の日本の賃貸保証会社も増えてきて、外国人入居を歓迎する身としては嬉しいものです。

「どこの国とつながりが深いか？」で外国人専門仲介会社を選ぶ

外国人専門仲介会社も外国人入居を促進していただける頼もしい存在です。都内では年々増加しています。

外国人専門仲介会社といっても、どこでも同じではありません。**外国人専門仲介会社を選ぶための一つの基準となるのは「その仲介会社の得意な国はどこなのか？」ということ**です。

というのも、仲介会社もそれぞれ得意としている国があり、ターゲットもある程度絞っている傾向があるからです。中国、韓国、ネパール、ベトナム、ミャンマー、という風に、会社によって得意にしている国が違いますから、取引相手の外国人専門仲介会社がどの国が得意なのかを把握しておくべきでしょう。

たとえばオーナーが、中国人が経営する中華料理店に賃貸している等、中国と縁があり、あるいはオフィスビルのテナントで中国人の会社が多い等、入居希望者に中国人が多ければ、中国を得意としている仲介会社を優先して頼るべきです。できれば、社長が中国人で、社員も中国人という会社を選んだ方がいいでしょう。

中国を得意とする仲介会社に問い合わせをする入居希望者も多くは中国人ですから、契約も母国語で深く理解して契約してもらえるため、トラブルの発生率が下がります。

また中国系コミュニティに深い人脈を持っていることが多いので、中国人が中国人を呼んでくれる「ループ」を作りやすくなります。

日本の仲介会社で事業用を専門にしている仲介会社があるように、外国人専門仲介会社でも事業用に強い会社もあります。居住用と事業用とを使い分けられるように、ネットワークを構築しておくと集客に便利です。

外国人コミュニティを把握する

外国人コミュニティを把握することは「ループ」を築き上げるのにも役立ちます。

法務省出入国在留管理庁の「在留外国人統計」によれば、日本で在留外国人数が一番多いのは東京で、新宿区が一番多いです。新宿区内で在留外国人数は12%を占め、約8人に1人が外国人となります。新宿区の児童館や幼稚園、小学校、中学校は外国人が多いです。公立の小学校・中学校で配布される重要な案内文書は数ヶ国語で届くこともあります。

私が成人式を挙げた際は、新宿区の外国人比率は今ほど高くなかったのですが、最近の成人式の外国人比率は高いです。新宿区の成人式では「2人に1人が外国人」のようです。新宿区は日本語学校や大学も多く、20歳を迎える留学生が多いことも要因の一つでしょう。

第3章でも触れましたが、新宿、池袋を中心に外国人コミュニティの例を挙げてみます。

高田馬場周辺には「リトル・ヤンゴン」と呼ばれているミャンマーとその文化圏の方々のコミュニティがあるため、ミャンマー出身者が多く住んでいます。戸山公園ではミャンマーのイベントが開催されます。高田馬場周辺の収益物件を購入したなら、客付けはミャンマーを得意とする仲介会社を利用するというのは賢い選択でしょう。

また高田馬場周辺には語学学校がたくさんあります。そのため、ミャンマー人以外の外国人も多く、多様な国籍の代表者の仲介会社が多いです。

大久保はコリアンタウンが有名ですが、韓国人入居者や韓国人の仲介会社が非常に多いです。最近は、プチグローバル化してきて、アジア人やアラブ人も増加し、韓国人以外でもアジア系の仲介会社も増えてきました。アジア各国の食材が豊富に売っているので、アジア系の入居者が大久保周辺で増加しているのです。

新宿駅、池袋駅周辺は中国人入居者やアジア人入居者が多いです。仲介会社も中国人の会社が多く、外国人取引（売買）に力を入れている会社も多いです。

アベノミクスが始まった頃、中国人富裕層による日本の不動産の爆買いが流行りました。「所有する不動産を売ってください」と毎日のように電話が来ましたが、多くは新宿や池袋周辺の外国人専門の仲介会社でした。新宿駅や池袋駅周辺の駅近立地のビルは中国人富裕層の多くが購入しているのです。

大塚駅周辺は高田馬場に次いでミャンマー人が多く、ベトナムやフィリピン系飲食店や食材店、多国籍のエスニック総合スーパーもあり、雰囲気が少し大久保に似ています。南口には東京でも数少ないムスリムのモスクがあり、礼拝に訪れるアラブ人等の外国人も多いです。近年は外国人専門仲介会社も増えています。

新宿駅も新大久保駅も高田馬場駅もＪＲ山手線では隣駅同士です。池袋駅と大塚駅もＪＲ山手線では隣駅同士です。そのため、ＪＲ山手線の新宿駅から大塚駅までは外国人入居者や外国人専門仲介会社が多いのです。

続いて東京23区の外国人コミュニティも紹介します。江戸川区は新宿区の次に都内在留外国人数が多く、西葛西は「リトル・インディア」と呼ばれるほどインド人が多い地域で、コミュニティが発達しています。同区内の小岩駅周辺の一角は「ミニアジア」とも呼ばれ、アジア各国の料理店がひしめいていて、エスニックタウンとして有名です。

足立区はフィリピン人が多く、コミュニティが発達しています。竹ノ塚駅周辺の一角はかつて「リトル・マニラ」とも呼ばれ、フィリピンパブやフィリピン料理店が繁盛しています。

港区はアメリカ人とイギリス人が多いです。外資系企業や各国大使館が多いことから想像しやすいかと思います。

最後に東京都以外でも一つ紹介します。埼玉県の川口市は、令和2年6月の法務省の調査で、今まで国内首位だった新宿区を抑えて、在留外国人数が一番多い市区町村となりました。西川口駅周辺は、かつて違法風俗店が乱立していましたが、取り締まりが活発化してゴーストタウン化した後に、中国人がさまざまな店を構えるようになりました。現在では「リトル・チャイナ」とも呼ばれ、中華料理店をはじめとする中国人の店が多く、中国人が増加してきています。

日本国内には、以上のような外国人コミュニティというものが多く存在します。時代とともに変わっていきますので、常に把握しておきましょう。

外国人専門仲介会社であれば日本語の契約書だけでも大丈夫

外国人専門仲介会社を通して**外国人入居者と契約する場合、日本語の契約書を使用します。**第2章でも触れましたが、国土交通省のウェブサイトからは「賃貸住宅標準契約書」の外国語対応版のひな形がダウンロードでき、これ自身は大変便利なものです。

けれども入居者や個別事情ごとに一般条項や特約条項が異なってくるので、ひな形のみで個別具体的に対応するのは現実的ではありません。

外国人専門の仲介会社のケースでは、担当者が母国語を駆使し、入居者に対して日本語の契約書を通訳しながら説明してくれます。契約書自体は、母国語でなくても問題ないのです。

短期解約違約金などの違約金の有無、解約予告、更新料、退去の際のルームクリーニング費用といった、入居にあたっての重要事項については、外国人専門の仲介会社が入居者の母国語に翻訳して1枚の紙にまとめてくれるところもあります。最後のところに署名欄があって、確認のサインを入れるので、確実に説明を受けたという同意が得られるのです。

信頼できる外国人専門の仲介会社を利用している限りは、生活上のトラブルや家賃滞納といった経営上のリスクから解放されます。

もし何かトラブルが起きたなら、仲介会社の担当者に通訳していただけることが多いです。仲介会社によっては「生活サポート」をしている部署に相談すれば、対策を講じてくれます。今まで、トラブルや依頼事で解決しなかったことはありません。そのくらいの対応力を持っているのです。

カード会社のコンシェルジュなみ！困った時の生活サポート

外国人専門の賃貸保証会社は、実に細かい生活のサポートまで行ってくれます。

たとえば外国人が起こすトラブルとしてよく挙げられるゴミ出しの仕方も「粗大ゴミには粗大ゴミのシールを貼る」「曜日によって出せるゴミの種類が違う」等、一つひとつ丁寧に教えてくれるのです。

GTNでは、保証委託契約を締結すれば「生活サポート」という、無料で通訳や連絡、その他常識の範囲内であれば入居生活での依頼事をしてもらえるシステムがあります。その仕事を専門にしている部署があり、「生活に関しては何でも相談してください」というスタンスでサポートを行っています。その部署に依頼事をお願いして断られたことは一度もありません。

当社の例でいえば、外国人入居者が、過失ではなく〝故意〟で床に大穴を開けてしまいました。退去時の原状回復費用として、借主である入居者に修理代金を請求したのですが、なかなか支払われません。そこで生活サポート部署に連絡したところ、担当者が入居者と交渉を行って、最後には分割払いにするということで合意に至りました。

「一度、相手に要求を伝えて、役目を果たしたから終わり」などとなることは全くなく、入居者と話をして解決しなければ、親にも電話をするなど、細かく対応してもらえました。「ゴミ置き場でない場所に不用品を投棄した」など、些細なことでも対応してくれます。

外国人入居者は来日したばかりの方をはじめ、ATMの操作を苦手とする方が多いです。特に複数の物件を所有する不動産投資家であるオーナーは、物件購入時の借入の際、共同担保を差し入れた場合は家賃振込先である金融機関の変更をすることもあるでしょう。日本人にとって振込先の変更は難しくないですが、外国人にとっては難しいもので、日本語で説明されても理解しづらいのです。

その際には生活サポートの依頼は役に立ちます。依頼後はしっかり振込先が変更されて入金されます。メジャーなクレジットカード会社のカードコンシェルジュなみの手厚い対応です。もちろん、多言語対応です。

連絡手段としても、SNSでは「Viber」など日本人が使用しない母国で頻繁に利用されているものを使用している賃貸保証会社や外国人専門仲介会社も多く、昔と比べて外国人入居者と連絡も取りやすくなってきています。

本国在住でも入居時のサポートを実施

「生活サポート」だけでなく、本国在住の場合の「入居時のサポート」もあります。

以前、19歳のコロンビア人留学生が入居する際に「親権者同意書」の作成をスペイン語で作成するにはどうしたらよいか、GTNに相談したところ、無料でスペイン語の「親権者同意書」を作成し、母国の親御様にメールで送付してもらいました。すぐにスペイン語で署名されたものが返ってきました。

当社の顧問弁護士の先生に聞いたところ、コロンビアは本国では18歳が成人であり、「法の適用に関する通則法4条1項」によれば、「人の行為能力は、その本国法によって定める」とされていますので、日本国内であったとしてもコロンビア法によって行為能力を考えることになるので、成人として扱われるそうです。実際は「親権者同意書」が不要だったわけです。外国人留学生等に対する知識として覚えておいて損はないでしょう。

もっとも、民法改正により、令和4年4月1日から成人年齢が18歳以上に引き下げられますので、今後は18歳未満のケースで使用されるのでしょう。世界的な潮流でグローバル化の時代では、18歳が成人として扱われるのが当たり前なのかもしれません。

なお、現在は「親権者同意書」の各国語対応版も賃貸保証会社によっては用意されています。

契約時に役に立つツール

契約時に母国語で説明することの重要性は何度も伝えてきました。ここで特に役立つものを

ＧＴＮのツールを例に二つご紹介します。

どちらも中国語の場合は簡体字と繁体字で分けられています。

●「賃借人様向け入居時注意事項（各国語対応）」

短期解約違約金や解約予告、騒音防止、ゴミ出し等の母国語での説明があり、外国人入居者は、日本語と照らし合わせて、該当する欄（□）にチェックします。違約金や解約予告期間等の数字は日本語と照らし合わせて、数字を変えて入力すればよいです。

●「退去の際の原状回復費用負担を減らすために（各国語対応）」

これがあるのとないのとでは大きな違いで、特に原状回復に関しての認識は大切です。調理油や強力な香辛料での油汚れ対策に、換気扇のこまめな掃除等も促していて、土足での禁止も促しています。外国人特有の事情にフォーカスしているのが特徴的です。

知り合いに通訳がいれば、**オリジナルのものを作成**してみるのもよいかもしれません。

スキルシェアサービスやクラウドソーシング、ギグワークサービス等で、翻訳作成業務は低コストで簡単に外注できますので、是非チャレンジしてみてください。

オーナー（管理会社）を蚊帳の外にせず、入居者としっかりとつないでくれる

外国人専門の賃貸保証会社のサポートでは、対面だけでなく「三者間通話」による電話や、Ｚｏｏｍなどのビデオチャットツールを使い、貸主（管理会社）、借主（入居者）、保証会社、この三者間のコミュニケーションを円滑に取れるようにしてくれるのもポイントです。

事例を挙げましょう。ネパール人が入居している居住用マンションの一室で、水漏れが発生しました。大きな復旧工事が必要で、入居者に一度物件を出てもらい、2日間のホテル暮らしをお願いしなければいけない状況でした。

当社では、その事情を伝えるのが難しく、「生活サポート」にお願いしました。「生活サポート」では、流暢な日本語を話すネパール人が担当者になり、入居者と電話での三者間通話を設定してくれて、スムーズにコミュニケーションを取ることができました。担当者がネパール人入居者の話を受け、日本語に翻訳してくれます。私はそれを聞いていて、私が喋ることを担当者に通訳してもらうという形で支障なく進められて、助かりました。

三者間通話の強みはその場で疑問がスピーディに解消できることです。ビデオ通話は文字や図を使ったり、さらに理解しやすくなります。

「生活サポート」の担当者が、入居者の母国語と日本語の両方に堪能であるというのは大きいと改めて感じました。

英語でコミュニケーションを取る場合と比べ、理解度やスピードが全く違うと思います。

「外国人事業家」向けの賃貸保証サービスができた！

ここまでは、居住用の物件を扱う外国人専門の賃貸保証会社についてお話をしました。

しかし、外国人が入居に困っているのは居住だけではありません。実際、当社の物件に入居しているネパール人の飲食店経営者は、当社に来るまでに何度も不動産会社で断られたそうですから、「外国人事業家」にとっては厳しいという現実があります。

事業用物件については扱う金額が高額のため、賃料滞納リスクを避け、オーナー(貸主)側としては外国人相手には貸しにくいというのは確かです。

しかし数年前に、劇的な変化がありました。**「事業用の外国人専門の賃貸保証サービス」が生まれた**のです。すでに紹介した、外国人専門の賃貸保証会社である「GTN」と、もともと事業用専門の賃貸保証会社であった㈱ラクーンレント」が提携し、**「外国人専門の事業用賃貸保証サービス（WORLD RENT BIZ）」**を作ったのです。

このサービスには、GTNが持つ、入居者に対する母国語による手厚いサポートと、㈱ラクーンレントが持っている、事業用物件に対する与信や保証のノウハウが盛り込まれていて、驚きの内容でした。

これまで事業用物件のオーナーは「オフィス・店舗として借りたい」と外国人に言われた時、「事業としては貸したいが、賃料滞納などのトラブルが怖い、事業用は扱う金額が高額だから、リスクを考えると、誰かが保証してくれなければ、二の足を踏んでしまう」という状況は多かったのです。けれども、**「外国人専門の事業用賃貸保証サービス」が打破して、居住用、店舗、オフィス、全てに外国人入居への対応が可能になりました。**

当社でも「オフィスとして借りたい」と希望する、中国人や韓国人の起業家は昔から存在し、その保証をどうするかという点について、長い間悩み続けていました。最近はベトナム人やネパール人の起業家も増えてきましたので、今後は本当に助かります。

これから日本の国際化はさらに進み、外国人向けの事業用賃貸物件のニーズが増える状況は加速していくと考えられます。居住用よりも事業用のほうが、潜在的な需要は多いはずです。

外国人入居を促進する大きな一歩となるでしょう。

徹底した本人確認で「なりすまし」を見破る

入居審査で外国人のトラブルで多く、注意を要するものとして「他人へのなりすまし」があります。

なりすましをした人が、合鍵を仲間に渡していた場合、オーナーの所有物が素性のわからないグループの巣窟になってしまう可能性もあるのです。思わぬ犯罪に加担する形になる可能性すらあるわけです。

対策としては、パスポートをはじめとして、提出される書類が偽造でないか、チェックを何重にもするというのが有効です。

在留カードの期限が切れていたりとか、もうすぐ切れそうだ、ということも確認しましょう。もし在留期限が切れている場合は、「更新申請をしている書類を見せてください」と、その後の更新をする予定があるのかを、チェックすることが大切です。

外国人専門の仲介会社はこれらのチェックは徹底的に行います。

当社の経験した「なりすまし」の事例をお話しします。10年以上前になりますが、賃貸している単身用マンションが国際手配されている麻薬犯罪組織のアジトにされたことがありました。

三つの地域の合同警察が「ずっと前から張り込んでいました」と言って当社に来られた時は驚きました。警察官立会いのもと、室内チェックをしたところ、アジトは抜け殻で残置物として黒いカーテンに、掃除機、覚せい剤、アラビア語らしき文字のメモ、百個以上のライターが散乱していました。

借主である契約者は韓国人でしたが、後から発覚したのは、隠れ蓑として名義貸しを行っていて、住民票やパスポートを偽造していたようです。

この韓国人を仲介したのは日本の有名な大手不動産仲介会社でした。当社の事務所で契約したのですが、見かけは眉毛のない、スキンヘッドでこわもての顔でしたが、対応は物腰が低く柔らかかったので、国際麻薬犯罪組織を思わせることはありませんでした。

彼の携帯電話番号が変更された際には律儀に連絡がありましたので、対応だけでは見抜くことができません。もしかしたら、丁寧すぎる対応は安心させるためのカモフラージュだったのかもしれません。何より借主の勤め先の会社の代表者も、当人が犯罪組織に加担していた事実を想像できなかったくらいなのです。

日本の仲介会社は日本のパスポートには詳しいかもしれませんが、外国のパスポートには詳しくないでしょう。逆に**その国を専門とする外国人専門の仲介会社であれば、その国のパスポートには詳しく、パスポートの偽造に気づいた**かもしれません。

帰国中の滞納家賃も回収できた！

日本人相手には起こらないトラブルとして「母国に帰国してしまい、家賃が滞納される」という問題があります。一時帰国であれば、戻ってきてから請求ができますが、「家賃を未払いにしたまま、黙って外国に逃げられてしまったら？」という心配はあるでしょう。家賃の滞納はなくとも、退去時に原状回復費用で揉めた状態で本国に帰られてしまったら、オーナー個人の力では対応が難しいのです。

そのような場合でも、外国人専門の賃貸保証会社と契約していれば、家賃の1ヶ月分を原状回復費用として保証し、入居者が支払わなければ、上限はありますが、代位弁済の形で保証会社が立替えて支払ってくれます。

留学生の場合は、（公財）日本国際教育支援協会が実施している「留学生住宅総合補償」の保証人補償を利用するのもよいです。

第2章で少し触れましたが、当社でも一時帰国中の入居者が新型コロナウイルス感染症の影響で母国から日本へ戻って来られなくなってしまって、家賃が滞納になり、外国人専門の賃貸保証会社を使って回収しました。

その事例をお話しましょう。令和2年1月下旬、新型コロナウイルス感染症の流行がそれほどの脅威とはなっていなかった頃のことです。当社の物件に住んでいるネパール人の女子大学生から「2ヶ月ほど帰国します。家賃は日本へ戻ってからでもいいでしょうか？」と相談を受けました。私は承諾し、帰国してから支払ってもらうことになりました。

しかし、2ヶ月後に彼女は日本へ戻ってこず、入金はありませんでした。携帯電話に電話をしても通じません。当社ではこれ以上の対応は難しかったので、GTNに相談しました。GTNは母国にいる入居者の母親に母国語で連絡をとり、交渉をしてくれました。連絡をする中で、入居者の状況が明らかになりました。

母国に帰国している最中に、日本では緊急事態宣言が発せられ、入国制限によりネパールの空港に足止めをされてしまったのです。事情を伝えようとしたのだが、携帯電話が料金滞納で止められてしまい、何もできずにいた、ということでした。

入居者は滞納分を支払う意思はありましたが、海外からの送金には手数料などの問題もあったので、日本にいる友人に立て替えてもらう形で落ち着きました。夏になると入居者と連絡がとれて、現在は以前と変わらず、住んでいただいています。

すべての外国人専門の賃貸保証会社や外国人専門の仲介会社が可能だとは限りませんが、**母国にまで追跡して連絡を取れるという対応力を持っているのは、オーナーからすれば安心でき**

る要素です。この点は賃貸保証会社や仲介会社を見極める際のポイントとなると思います。

賃貸保証会社・仲介会社によっては海外拠点がある場合は、現地まで直接督促しにいくこともあるそうです。

母国へ追跡する家賃回収サービスは、外国人の入居を受け入れるために必要なサポートとなるのは間違いないでしょう。

外国人人材派遣会社からの紹介

外国人人材派遣会社が外国人労働者を派遣する際に、日本での住まいも確保する必要があります。㈱ウィルグループでは、労働人口減少による人手不足の解消を目的に外国人労働者の獲得を強化し、人材サービスの拡充を行っています。

中でも「ENPORT」では外国人に特化した不動産仲介事業や外国人に特化した賃貸保証事業を行っており、多言語で対応しています。24時間365日、多言語コールセンターでサポートし、対応方法も電話だけでなく、メール、SNS、チャットと、あらゆるものを駆使しています。

通常の不動産仲介会社というルートではなく、人材派遣会社からの紹介である点が特徴的な外国人入居者募集方法と言えるでしょう。

また、GTNの「Best-Estate」、㈱日本エイジェントの「wagaya Japan」といったような、多言語対応の外国人専門の不動産賃貸ポータルサイトも増加してきて、外国人入居者の集客の幅を広げています。

他にも語学学校等の外国人専門学校との提携から、不動産仲介会社とのパイプがつながるようになりました。外国語対応が苦手な仲介会社は、物件概要書や図面を母国語に一括変換できる**「不動産外国語翻訳サービス」**も有料ですが、利用できるようになってきています。

今後、外国人の入居募集方法も多様化して、あらゆる方面から、より集客しやすくなっていくのではないでしょうか。外国人マーケットもますます拡大していくと思われます。

ついには政府も本腰を入れて後押しをするように!

かつて、外国人相手に賃貸経営を行い、失敗した経験のある人もいるかもしれません。そのようなオーナーに、私は言いたい。

「時代は変わった。だからオーナーも変わらなければならない」

近年、政府が、外国人留学生や労働者の受け入れを強化しています。

高度外国人材を獲得するため、政府は留学生誘致策として令和2年を目途に30万人の留学生受け入れを目指す「留学生30万人計画」を打ち出し、平成29年末時点で数値上は達成されました。

もっとも、〝偽装留学生〟や〝消えた留学生〟問題、〝不法滞在〟や〝不法就労〟といった課題が残っていることは否めません。

国内の労働人口不足を解消するため、平成31年4月に改正入管法の施行により、新しく創設された在留資格である「特定技能（1号、2号）」は実質的には「技能実習」の延長とも言えますが、「技能実習」と合わせて最長10年、日本で働くことができるようにもなりました。

こちらも技能実習生の〝労働環境〟や〝人権侵害〟は課題として残っています。

昔は、外国人専門の賃貸保証会社も仲介会社もありませんでした。

国や自治体も、積極的に受け入れるという状態ではありませんでした。

それが今、賃貸保証会社が入居者の母国語まで使ってフォローをしてくれて、連帯保証人の引受けも行うようになり、事業用物件も、賃貸保証会社同士がタッグを組むようになりました。仲介についても外国人専門の仲介会社が、外国人事業家を含め、入居者を呼び込んでくれています。自治体でも各国語対応や生活サポートを後押ししています。

国も後押しとして、国土交通省が外国人賃貸入居をサポートしています。オーナーや管理会社にとって外国人賃貸に慣れていない場合は、まず先述した国土交通省のウェブサイト**「外国人の民間賃貸住宅入居円滑化ガイドライン」（賃貸人、仲介業者・管理会社の方へ）**や**「部屋探しのガイドブック（日本で部屋探しをする外国人の方へ）」**を参考にするのがよいでしょう（127ページ参照）。

不動産業界団体も後押しをしている！

「部屋を借りる人のためのガイドブック」

当社も所属する不動産業界団体の一つである（公社）全国宅地建物取引業協会連合会が作成した**「部屋を借りる人のためのガイドブック」**は、外国人向けに「部屋探し」、「契約」、「入居中の規制」、「退去」、「緊急災害への備え」などをまとめ、理解しやすいイラストと、平易な文章（漢字は全てフリガナ付）で説明しています。英語、韓国語、ベトナム語、スペイン語、ポルトガル語、ネパール語の6ヶ国語に対応し、大学等教育機関でも取り扱いがあります。**「部屋探しのガイドブック」**とあわせて2冊のガイドブックがあることで、不動産業界団体も外国人入居支援を後押ししているのがわかります。

（一社）全国賃貸不動産管理業協会（全宅管理）はGTNと業務提携し、GTNが提供する外国語翻訳版契約書式として、賃貸借契約書（住宅・事務所・店舗用）及び、定期建物賃貸借契約書（住宅・事業用）の「英語・韓国語・中国語版」が会員限定ですが、ダウンロードできるようになっています。

特徴は、日本語と外国語がフリガナのように一体化されていることです。全宅管理は当社も会員として所属している業界団体になりますが、**〝業界団体と民間賃貸保証会社のタッグ〟**として、会員である仲介会社・管理会社への強力な後押しとなるのは間違いないです。

民間企業も、国も自治体も、業界団体も外国人に対して門戸を広げて開放しています。デジタル技術も大いに進化して、翻訳ソフトやアプリの精度も格段によくなり、外国人を受け入れる準備が整っています。つまり、オーナー以外はすべての面で、「外国人大歓迎」という状況に対応し、変化しているのです。ですから、オーナーも変化しなければなりません。

オーナー側が外国人を偏見なく受け入れることができれば、今の時代は、外国人賃貸で問題になることはないのです。

外国人入居者の言葉③

親身になってくれるオーナーさんは、外国人起業家にとって貴重な存在です

㈱AYUSITA INTERNATIONAL
代表取締役
バブラム・カフレさん

42歳・ネパール出身・
日本在住15年

私は現在、インド・ネパール料理店を3店舗運営しています。インドのホテルのレストランでシェフとして働いていた時、同僚が日本で稼いでいる話を何度も聞き、自分も日本に行き、将来は自分の店を持ちたいと思うようになりました。

2006年に来日して、最初はインド料理店で働きました。半年ほどは日本語がよくわからず、ホームシックにかかったりして、母国へ帰ることばかり考えていました。

しかし「自分の店を持つという夢を叶えるんだ」と自分を励まし、開業するための資金を一生懸命、貯金しました。開業資金の目途がついたところで、店舗を探し始めたのですが、契約にこぎつけるまでが本当に難事業でした。私が外国人という理由で、3件の不動産会社に断られてしまったのです。

今、考えれば、まだ料理店を経営した実績がない私に、不動産会社が二の足を踏んだのかもしれませんが、当時の私は「外国人だからダメなのか?」と、とても落胆しました。

そんな中で「外国人の保証人でも大丈夫です」という不動産会社に出会うことができ、永住権を持つネパール人の友人に保証人になってもらうことで、2014年に1店舗目を台東区の御徒町に開店することができました。

2017年、世田谷区瀬田に2店舗目を開店。それが軌道に乗り、次はオフィス街と住宅街が隣接している地域を探しました。オフィス街と住宅街が隣接していれば、平日は会社勤めの人で賑わい、休日は地域の

住民が食べに来てくれるので、飲食店を経営する場所としては最適だからです。

1ヶ月ほど物件を物色していたところ、田丸さんと出会いました。田丸さんが外国人を歓迎しているということを聞き、とても嬉しく思いました。田丸さんはすでに営業している2店舗の実績を評価してくれて、とてもスムーズに契約することができました。3店舗目は2018年、田丸さんが所有する杉並区荻窪のビルの1階に開店しました。

1店舗目を探す頃には、日本語で会話することに不自由は感じなくなりましたが、日本語の文章を読むことはできませんでしたので、賃貸借契約には不安がありました。そこで、契約する時には日本語が読める知り合いに同席してもらい、契約書の条文を母国語に翻訳して、その場で読み上げてもらうことで対応しました。

外国人にとって、日本語の賃貸借契約書を理解することはほぼ不可能です。英語なら対応しているところはありますが、すべての外国人が英語に堪能であるとは限りません。私の場合は知り合いのサポートがあって乗り切れましたが、この点は外国人起業家にとって大きな問題点だと思います。

田丸さんの会社では、英語以外にもさまざまな外国語に対応していて、全く不安がありませんでした。実際に契約書を交わす際も、重要な箇所は母国語（ネパール語）の書面で説明してもらえて、滞りなく契約することができました。

私のような外国人起業家は、これから増えていくと思います。外国人起業家にとって、田丸さんのように外国人に親身に接してくれるオーナーさんは、とても貴重な存在です。

たとえば、インド料理はたくさんのスパイスを使います。店舗の周囲に臭いで迷惑をかけないように、日頃から気をつけるようにしています。実際にトラブルになったことはありませんが、どうしてもネパール人と日本人の感覚には違いがあります。そんな時に電話やLINEで、田丸さんに質問すれば、親切に教えてくれます。

「何か不安なことがあったら、田丸さんに聞けば大丈夫だ」。こう思えるだけでも、とても安心感があります。

田丸さんのようなオーナーさんが、もっと増えてくれれば嬉しいですね。

終章

田丸ビルの出発点であり、理想としている「田丸荘」の物語

最後になりますが、お伝えしたいことがあります。

「田丸荘」という当社が扱ってきた物件の中で、最も長い歴史を持っていたアパートのお話です。

当社の創業者が会社を設立する前に、「不動産賃貸業」を営んでいた時のアパートです。60年ほど前に建てられましたが、正確にわかる当時の資料は現在はありません。

当社に保存してある資料は30年くらい前からの記録しか残っておらず、平成初期の契約書はすでに変色していて、記載されている契約内容も時代の変遷を感じられるほどです。昔から住んでいた入居者が4名いて、皆、15回は契約更新しました。

何十年前と古くから多くの外国人入居者を支援していた思い入れの深いアパートでしたが、老朽化により解体して売却し、今は存在していません。

新築当初は、運営する飲食店の寮として著名人が契約されました。

アパートの稼働中には、環状八号線の道路拡張による土地の「収用」であったり、借地であった状態から地主より底地を購入して土地所有者となったり、東日本大震災を経験したり、「立退き交渉」であったりと、数々のドラマがありました。

取壊しが近くなった時期は、新規の契約では借主と「定期建物賃貸借契約」を締結して、契約期間が1年未満の入居者も何名かいました。1年未満の入居者は外国人で、初期費用も家賃

在りし日の田丸荘

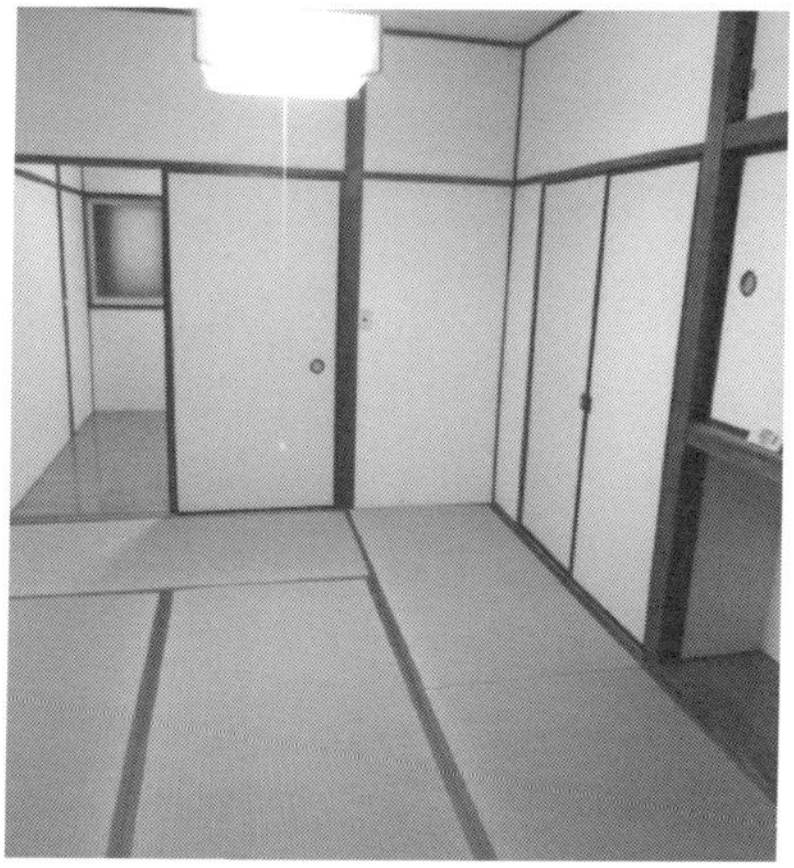

も安かったので喜んで契約していただきました。

その後、貸主当事者として立ち退き案件に関わり、全入居者が退去された後、無事に建物を解体しました。

60年あまりの期間を賃貸物件として運営し、その間はほぼ満室でした。

ここまで幾度か書いてきましたが、私が不動産投資の本質はキャピタルゲイン（売却利益）よりも、インカムゲイン（賃料収入）であると思う理由は、「田丸荘」と、そこに住む人々を代々見続けていたからだと思います。

田丸荘は、借地にアパートを建てるという形で始まりました。その後、20年ほど前に相続税の支払が大変だからということで、地主から土地を買うことを持ちかけられ、底地を購入して土地所有者となりました。

新築時から物件が経済的に機能する最後までのトータルのインカムゲイン（各種経費・税金等控除後の純賃料）を計算してみると驚く結果となるのです。

新築から建物取壊しまで長期間、空き室がなく賃貸経営を続ければインカムゲインの合計は、売却時のキャピタルゲインを超えるものなのです。

減価償却期間が過ぎた後も保有すること

「減価償却の期間が終わった物件は売るべきだ」という考え方があります。減価償却の期間が終わると、確かに減価償却分のキャッシュフローはなくなりますが、減価償却の期間が終わった頃から、通常は借入の返済がなくなります。

なぜなら、融資期間を「経済的残存耐用年数」を用いて決定する場合を除き、通常、金融機関は建物の「法定耐用年数－経過年数」を融資期間の上限とするからです。

ということは、空き室が出なければ、キャッシュフローはプラスに向かうはずです。借入がない状態にもかかわらず、キャッシュフローがマイナスであれば不良物件として売却した方がよいかもしれません。

確かに一部の富裕層が節税目的で法定耐用年数を過ぎた築古の中古の木造物件を購入して、高額な減価償却費を短期間で計上の後、売却することもあります。けれども減価償却費で経費となった金額分、建物の簿価が下がりますので、売却時は譲渡益が多くなり、課税の対象となるのです。そもそも短期間の保有では「賃貸経営」とは呼べないでしょう。

もっとも、業者は売買で仲介手数料を儲けたいがために、「減価償却期間が過ぎたら売却しましょう」というのを王道の謳い文句にしているのが現状です。

田丸荘は延床面積460㎡、間取りは1LDKが中心の2階建て木造アパートでした。木造アパートの法定耐用年数は22年とされていますが、管理、修繕計画・メンテナンスをきちんとすれば、60年経っても壊れることなく、「常に満室」も可能となります。

木造で60年間も維持・機能するのであれば、鉄骨造や鉄筋コンクリート造であれば、維持・機能できる期間はさらに延びるのではないでしょうか。

ですから、安易に**「減価償却の期間が過ぎたから売却する」とは考えず、建物の寿命が来るまで賃料収入を得るほうがいい**と私は思っています。寿命が来たら、更地で売却するか新築するかは、その時の不動産相場や建築コスト、相続・事業承継等、状況によるかと思われます。

新築から物件が経済的に機能するまでの期間という、**長期的な賃貸経営の考え方の根底にあるのが、本書で繰り返し述べてきた「Win‐Win‐Win」の関係を築き、入居者に長く住んでもらうことです。それを証明しているのが、まさに「田丸荘」なのです。**

立ち退き成功から見えてくるもの

何十年と長期間にわたって住んでいた4名の入居者が建物取り壊しのために立ち退いた際の話をしましょう。

オーナー側の都合で立退料を支払って入居者に立退きをお願いする場合、入居者の希望する立退料は入居期間に比例する場合が多いです。居住用物件の場合、立退料の相場は家賃の6ヶ月分と言われることもありますが、個々の案件ごとに異なるでしょうし、借地借家法で借主は保護されていますので、借主に納得いただけない場合は裁判となることもあります。4名の入居者は何十年も住んでいましたので、立退料が高額になる可能性もありました。中でも1名は個人事業主として1階で店舗を営んでいましたので、困難が予想されました。

しかし実際は、4名の立退き交渉をして、4名とも立退料はゼロで妥結することができました。その代わりに条件がありました。

4名とも、もう65歳を超えていましたから、転居先の物件探しは大変です。

私は「立退料ゼロで了承してくれた御礼に、転居先は私が責任を持って探します。転居費用はオーナーが負担するので、支払っていただかなくて結構です」と約束しました。4名は私が見つけた新しい賃貸物件に喜んで移転されていきました。

オーナー都合による立ち退きにもかかわらず、最後は、「素晴らしい転居先を真摯に探してくれてありがとうございます。長年お世話になり、感謝いたします」と皆から感謝され、立ち退きは穏便に幕を閉じました。

やはり最後は「Win-Win」の関係が功を奏します。立ち退かれる方にとっての「Win」は高齢者の場合、立退料をもらうことより、優良な転居先の確保なのです。

田丸荘の歩んできた歴史は、私が目指す本物の賃貸経営そのものです。新築から物件が経済的に機能するまでほぼ満室で、キャッシュフローを回した。建物を取壊した時に、長期間入居していた方の立退料はゼロで、気持ち良く穏便に転居先に移転してもらえた。そして、最後には土地を売却し、大きなキャピタルゲインを得て、幕を閉じることができました。私はこの事実を誇りに思っています。

所有と経営が分離している株式投資と違い、「不動産賃貸業」としての側面を持つ不動産投資は多くの利害関係者が直接的に関わります。「人」こそが大切なのだと私は思います。

立ち退きで問題となるのも入居者という「人」なのです。「人」と「人」とのつながりを大切にするからこそ、外国人も歓迎できる、私はそう考えます。ロングスパンで誰もが幸せになる不動産投資・賃貸経営をオーナーは目指すべきではないでしょうか。

長期的な賃貸経営で大切なのは相続・事業承継

収益不動産を長期間所有すれば、その間に相続があり、法人の場合は事業承継があります。賃貸経営の最終的なゴールは自分だけでなく、次世代への継承でしょう。

賃貸経営はある程度、自分でコントロールできますが、相続や事業承継はコントロールが難しいので、長期的に賃貸経営を成功させていく中で一番大変なことは相続・事業承継と言えます。

当社は、宅建業免許は相当古かったのですが、専任の宅地建物取引士（当時は主任者）が亡くなったために、免許番号がイチからやり直しになりました。専任の宅地建物取引士の要件は宅地建物取引業を営むための法定要件であるため、不足した場合は2週間以内に必要な措置（補充）を取らなければならなかったのです。中小企業にとって、現在のようにインターネットが発達していなかった当時は、宅地建物取引士の資格を保持している人を2週間以内に確保するのは至難の業でした。

長期間にわたる経営ではこのようなことが生じる可能性があるのです。

私は職業柄、代々続く地主や大家、貸しビル業者、不動産賃貸業者との付き合いは多いのですが、皆、相続・事業承継までを考えているのです。

大正時代から続いている人（企業）等、長年にわたり成功している人（企業）は資産を売却することはなく、建替えて資産を守って、後世に伝えている人も多いものです。

物件と戦略さえ間違えなければ、売却せずとも、長期間にわたるインカムゲインで投下資本を十分に回収できるのです。

不動産投資は「投資」としての側面を持ちますので、利益を確定するために「出口戦略」を意識する方は多いでしょうし、海外や不動産投資ファンドではそれが当たり前かもしれません。

田丸荘も「新築コスト」と「価格高騰期での更地売却」を比較して、新築せずに「更地売却」を選択しましたので、大きなキャピタルゲインを得ています。ただし、**アパートが経済的に機能するギリギリの年数まで長期間稼働させた後に売却**したわけなのです。

投資の手法には正解がありませんので、キャピタルゲインを狙い続けて成功されている方もいらっしゃいますし、他の手法でも成功されている方もいて、それはそれで素晴らしいことだと思います。リスクとリターンの取り方は人それぞれです。

不動産賃貸業はもともと不況に強く、キャッシュアウトしない経営をすればトップレベルで安定した業種になります。多くの地主・大家・不動産賃貸業者が多角化をしてこなかったのはそれだけで充分やっていけるからなのです。一時的なブームに乗っかり、多角化して失敗した不動産投資家を多く見てきましたが、経営戦略上、「選択と集中」がこれほど似合う業種もないのではないでしょうか。

〈巻末付録〉

契約書の重要性
……田丸式・居住用建物
賃貸借契約書の解説

※本「付録」で説明している箇所の条文を246ページから掲載していますので、適宜ご参照ください

本書では、契約書の大切さについて繰り返し強調してきました。何年も前から内容が変わっていないような契約書では、次々に出現する新しい法律・制度や環境変化、個別具体的な事例に対応していけません。

当社で使っている契約書は、絶え間ない試行錯誤を繰り返して作り上げたものであり、これまで経験したトラブル、実務の失敗などを元にして煮詰め、組み上げたものです。

現在進行形で新たな事例に対応して、内容をブラッシュアップしています。

当社オリジナルの「オーナー目線による、オーナーのための契約書である」という点が特徴です。これを実現するためには、初期費用が安くなる、借主の要望を受け入れる等、借主にとっても「Ｗｉｎ」となるようにする必要があります。すなわち、オーナーだけが得をするものではなく、「Ｗｉｎ－Ｗｉｎ」の関係で初めて成り立つ契約書なのです。

この契約書があるからこそ、私が理念として持っている「Ｗｉｎ－Ｗｉｎ－Ｗｉｎの『ループ』」が実現可能になっているのです。

ここでは、賃貸経営実務上、契約書で特に気をつけるべき点を解説していきます。

なお、ここで注意していただきたいのは、賃貸経営実務では個別具体的な要素も多く、事案によってケースバイケースのため、以下に述べる内容はあくまでも参考程度にとどめていただきたいということです。実際に契約書を作成する際は、不動産専門の弁護士等、法律家の指導

のもとでの作成を強くお勧めします。

なぜか語られない契約書の重要性

第1章で述べましたが、賃貸経営で本当に大事なのは物件管理をはじめとした実務です。弁護士や不動産会社社長が著者である書籍を除くと、賃貸経営の管理実務を契約書の視点から具体的に詳しく解説している書籍は少ないようです。

賃貸経営で成功するためには、契約書は中核を占める大切な要素なのです。

賃貸経営上のトラブルが生じた場合、契約書に記載していない場合は話し合いや関係法令に従うことになりますが、解決が難しい場合もあります。

「どうしたら、トラブルが生じないようになり、解決できるようになるか？」を考えた結果、契約書の重要性にたどり着きました。

契約書に記載しているだけで解決するケースもあるのです。

もっとも、契約書に記載する内容によっては「消費者契約法8条・9条・10条」や「民法90条（公序良俗）」、「借地借家法（26条以下等）」をはじめとして、「強行法規」や「判例」にも抵触することもあるので注意しましょう。

まず、管理会社が使っている契約書と比べて確認してみてください。ここで説明するようなことが書いていなかったならば、次回以降は自分のケースに合うように創意工夫して修正依頼をしてみてください。「**カスタム管理**」に対応した信頼できる管理会社であれば、親切に対応していただけることでしょう。

契約書の修正と並行して、自身の内容にマッチした経営戦略を練り直していきましょう。

【参考：消費者契約法】

消費者と事業者が契約をする時には、両者の間には保有する情報の質や量や交渉力の格差があります。このような状況を踏まえ、消費者の利益を守るため、平成13年4月1日より「消費者契約法」が施行されました。

賃貸借契約において、事業主であるオーナー（貸主）と「消費者契約法」が関係するのは、主に不当な契約条項の無効を規定する次の5点です。

- 事業者の損害賠償の責任を免除する条項を無効とすること（同法8条）
- 消費者の解除権を放棄させる条項等を無効とすること（同法8条の2）
- 事業者に対し後見開始の審判等による解除権を付与する条項を無効とすること（同法8条の3）
- 消費者が支払う損害賠償の額を予定する条項等を無効とすること（同法9条）

・消費者の利益を一方的に害する条項を無効とすること（同法10条）

特に**「消費者契約法10条」は、信義誠実の原則（民法第1条第2項）に反し、消費者の利益を一方的に害するものは無効と規定し、民法90条（公序良俗）とともに、後述する原状回復問題でしばしば焦点となります。**

居住用の契約書を基本に考える

居住用と事業用では、契約書の内容に違いがあります。

居住用は「消費者契約法」が適用されますので、借主である消費者が理解できるように説明をし、合意をしてもらうことが必要になります。「借主に不利な内容」の説明は必要不可欠ですし、借主から「説明を受けていなかったから、知らない」と言われないようにする必要があります。

事業用の物件に関しては、借主はプロである事業者ですから「消費者契約法」が適用されません。原状回復に関しては住居と違い、使用目的により損耗具合が大きく異なり、ビルの運営規則によって施工条件・施工体制・仕様が変わるため、契約書・特約条項で約定される事項が基準となります。事業用の契約書は居住用の契約書とは異なりますのでご注意ください。

では、ここからは当社が実際に使用している居住用建物賃貸借契約書を例に、オーナーが押さえるべき「契約書のポイント」を説明しましょう。

契約書のポイント

■大事な部分はしっかりと強調する

契約書の大事な部分は、下線を引いたり、カラーや太字にします。書類の大事な部分をカラー・太字にするというのは、一般的にはよくありますが、重要事項説明書で説明をするから、と賃貸借契約書で実施している不動産会社は少ないのではないでしょうか。

契約書の第4条5項を見てください。この条文は「**賃料の月割条項**」で、月の途中で退去する場合でも、借主はその月の賃料の全額（1ヶ月分）を負担しなければならないという内容です。賃料精算の「月割」に対して、「日割」がありますが、たとえば借主がその月の15日に退去した場合、前者は借主の負担は賃料の全額、後者は15日分になります。

「月割り条項」自体は計算ミスの防止や退去を月末に合わせる等の使い勝手のよさを理由として認められるもので、借主に不利な内容ではないです。月極の駐車場使用契約では日割精算されないことが一般的です。それに対して居住用の賃貸借契約では日割精算の契約書が多いと思います。借主が退去時の賃料精算方法の違いを把握している必要があるので、ひと目でわかるような強調（実際の契約書では赤字）をしています。

実は**これが「消費者契約法」に対応する上で効果的なのです。「消費者契約法」のポイントの一つは「消費者が理解しているか？」です。赤字であれば目立つので、借主から必ず確認が来ます。わからないところは必要な説明をして、納得してもらいます。**

■ 文字は大きく、わかりやすく

当社の契約書は、文字を大きくしています。契約書の文字は小さい場合が多いのではないでしょうか。特約となるとさらに小さく、豆粒みたいな大きさになることもあります。

小さい文字の契約書で「借主が理解できるように説明しました」というのは無理があります。**当社の契約書は、フルカラーで大きな文字、太文字ですから、納得をしてもらいやすい**のです。

契約書の一般条項は「日本産業規格Z８３０５」に規定する「12ポイント」以上の大きさ、特約条項は同規格に規定する「9ポイント」以上の大きさが望ましいでしょう。

■金額は税込の金額がわかるように記載

金額を「税込」で表示するのも大事です。

明記していないと必ず「契約書に2万円ってあるけど、税込、税抜どっち?」となります。

なお、令和3年4月1日より、不特定かつ多数の者に対する値札や店内掲示、チラシあるいは商品のカタログ等すべての商品やサービスの価格を、消費税額を含めた「総額表示」にすることが義務づけられ、不動産賃貸ポータルサイト内での金額も現在は「総額表示」です。

ところが、契約書については「総額表示」義務の対象とはなりません。

もっとも「○○円(税込○○円)」または「税込○○円(内消費税○○円)」というように、税抜金額と税込金額の二つを表記するのは丁寧でわかりやすいかもしれません。この場合は今後、消費税率が変わった時に対応しやすいです。

■失敗やトラブルがあれば、すぐ反映させる

「計画して実行して評価して改善する」、いわゆるPDCAサイクルを契約書に取り入れています。失敗事例やトラブルなどがあったら、その都度、契約条項を改善・追加し、ブラッシュアップするのが大事です。

契約書は日々更新していきます。

たとえば、**第12条、第13条、特約条項12条**などに、昨年変更した点があります。天災で賠償などが起きた時の対処についてですが、「地震、火災、台風、水害、津波、その他の天変地異、爆発、戦争、暴動、内乱、テロ行為」と並ぶ部分に、「感染症の大流行」を追加しました。〃物流機能の停止や制限がある場合〃についても追加しています。新型コロナウイルス感染症の流行など想定していませんでしたから、文言を記載しておけば、次回以降は問題に対応することができるのです。

次に、契約書の「一般条項」の注意点について解説しましょう。

「一般条項」の注意点

◘「害虫やペットの範囲」をハッキリと明示する

第6条6項3号に、「専有部分において発生したネズミ・ゴキブリ・ダニ・蚊・蝿・蜘蛛等害虫の駆除」という項目があります。害虫の種類をいちいち記載していますが、「そもそも害虫とは何か?」という定義でトラブルになった経験から追加したものです。

昔は、契約書に「害虫」としか書いていませんでした。かつて、ダニ1匹で「部屋でダニをいくつも見かけたから対処してください」とクレームを入れてくる人がいました。「ダニは害虫ですから、契約書に従って自然発生の害虫は自分で対処してください」と言っても、「ダニは契約書に書いてないから」と主張されて納得してもらえませんでした。ですから、現在の契約書ではネズミ、ゴキブリ、ダニ、蚊、蠅、蜘蛛などと細かく記載しています。

ペットについても注意が必要です。たとえば**第7条**「禁止または制限される行為」の項目に「猛獣、爬虫類、犬、猫、鳥等の動物の飼育及びこれらの一時保管」とあります（**第7条3項9号**）。ペットの範囲に「犬猫」と書いてしまうと、「鳥はいいだろう」となりかねません。鳥でも、鳴き声がうるさい場合はあります。

特に早朝に鳴く鳥は多いので、夜型の人だと、朝それで起きてしまい、揉めごとに発展しかねません。それなら「ペット禁止」と書けばいいかというと、金魚等の魚好きやカブトムシ等の昆虫好き、ハムスター等の小動物好きな方の中には納得しない人がいます。

ですから一律にペット禁止にはせずに、禁止されるペットがわかるように「鳥」と記載しているのです。「猛獣」「爬虫類」も同様です。

もっともペットに関しては、「ペット飼育細則」等の「使用細則」に詳細を記載する場合が大半ですが、「使用細則」がない建物も多いです。また「使用細則」まで説明する仲介会社は少なく、借主も紛失したり、目を通さない場合もあるかと思います。契約書に記載しておくのは役に立ちます。

■小さな備品にまで責任の所在を明確にしておく

第6条6項4号・5号では水道の蛇口のパッキンやコマ、洗濯機のニップル、排水エルボの取替えや交換について定めています。「こんな小さな備品まで契約書で取り決めをするのか!?」と驚かれるかもしれませんが、これらの備品の取替えや交換の申し入れが年間を通して多数あり、**「オーナーと入居者のどちらが負担するのか?」がしばしば問題になる**ので、細かいですが入れています。

実務上では「洗濯機ニップル」が問題となります。「洗濯機ニップル」についての記載がない契約書は多々見受けられます。

■善意がトラブルにならないように、不在確認のルールを決める

音信不通時の室内確認も大事です。第12条5項は、孤独死があった場合を想定しています。入居者が音信不通になってしまった場合、オーナーまたは管理会社が孤独死を心配して部屋に勝手に入ってしまうと、親族から「住居侵入だ、損害賠償だ」と訴えられた場合、善意で安

否確認のために立入ったとしても、犯罪に問われる可能性があります。

そういうトラブルを防止するためにも、この条文を入れています。

なお、音信不通時の室内確認は、親族や警察官等、公正な第三者の立会いが前提になるので注意が必要です。

■短期解約を未然に防止する

〝新規に契約した借主が短い期間で退去する〟ことは、賃貸経営の観点から避けたい事態です。「短期解約違約金」を設定することで、ある程度防止できます。

第15条8項では、1年未満の短期解約と半年未満の短期解約に対して、前者は賃料1ヶ月分、後者は賃料2ヶ月分の違約金を定めて、短期解約を未然に防止しています。初期費用が安い等、賃貸条件等によっては1年半未満で賃料0・5ヶ月と違約金を定める場合もあります。

短期解約違約金は、借主が納得しており、暴利な金額等、「公序良俗（民法90条）」や「消費者契約法10条」等に反していなければ有効です。

もっとも、暴利な金額でも**記載すること自体は違法ではありませんので、記載するだけして短期解約を抑制する**という使い方もできます。たまに短期解約違約金を暴利な金額に設定している契約書は見かけます。

短期解約違約金の設定ではなく、中途解約権を留保しない（中途解約ができない）契約であれば契約期間中の中途解約は防止できるかもしれませんが、転勤、療養、親族の介護がある場合は、入居を躊躇される可能性があります。

この文言があれば、**短期解約違約金を保証する賃貸保証会社によって、入居者が短期解約違約金を支払わなかった場合、保証されます。**

フリーレントの場合は短期解約違約金を設定するのが通常です。初期費用が安い場合もセットという認識で必ず設けるようにしましょう。

短期解約違約金を設定したから入居に不利ということはありません。逆に短期解約違約金を避けようとする入居者は、もともと短期の入居で解約する予定だったのでは、あるいは何か問題を抱えているのでは、と疑った方がよいでしょう。

次に、「特約条項」の注意点について解説します。

「特約条項」の注意点

◘「特約条項」こそ何より大切

居住用建物賃貸借契約書の「特約条項」では多くの場合、契約書の最後にわずかな項目があるケースが大半です。**契約書において、「当事者間の特別の条件や約束事」等は、双方合意のもと、特約条項を別に設けて対応します。契約書の一般条項と同様に、「特約条項」も実務で起きたトラブルに合わせて追加していくからこそ入居者と揉めないのです。**

万が一トラブルが起きても、「契約書の『特約条項』を確認してください」というと、これまで現場で積み重ねられた経験が生きていますから、大抵の場合は当てはまる文言があります。

◘更新料の抜け道について対応しておく

更新料については、抜け道があるので「特約条項」が重要です。具体的には、法定更新に対する対策です。合意更新は貸主と借主の合意によって契約更新されるものですが、契約更新の合意が契約終了までになされなかった場合、「借地借家法26条1項」に基づいて法定更新（強行法規）となり、更新後の契約期間は定めがないものとされます。すなわち法定更新の場合は契約更新がなくなり、貸主は更新料が請求できなくなってしまうのです。

この行為がかつてブログに紹介され、話題になったことがありました。その時に追加したのが、**特約条項1条**です。**3項**で更新料について「合意更新、法定更新の如何にかかわらず支払われる」とし、法定更新でも更新料を請求できるようにしました。

また、**4項**で法定更新された場合の契約期間を2年としていますが、法定更新後も定期的に更新料を支払う旨の合意の有効性に関する判例が見受けられない以上、争われる余地があることに留意する必要はあります。

■ 残置物の内容と修繕・交換費用負担を明確にしておく

居住用物件の残置物で多いのは物置、シャッター、防犯カメラ、ブラインド、エアコン、給湯器、家具家電等が該当します。

残置物の内容の決まりはなく、ウォシュレット（温水洗浄便座）等、退去者が設置したまま置いていくケースも多々あります。

契約書上のポイントとして、残置物の内容だけでなく、「貸主が修繕・交換義務がない」旨も記載します。
入居中の修繕義務や原状回復で揉めないためにも、残置物がある場合は、重要事項説明書だけでなく、契約書の「特約条項」にも忘れずに記載しましょう。

■「退去時のルームクリーニング費用は借主負担とする」だけの文言はNG

退去時のルームクリーニング費用を含む、借主の原状回復問題は、国土交通省が策定する「原状回復をめぐるトラブルとガイドライン再改訂版（以下、「ガイドライン」という）」に沿って実施するのが望ましいとされています。

東京都では居住用の賃貸借契約において、借主が契約内容を事前に認識し、トラブルを未然に防ぐことを目指し、宅地建物取引業者に、「賃貸住宅紛争防止条例に基づく説明書」を作成し、契約における特約の有無や特約に基づく借主の負担について具体的に説明することを義務付けています。

「ガイドライン」によれば、原状回復義務とは、「退去の際に、借主の故意・過失や通常の使用方法に反する使用など、借主の責任によって生じた住宅の損耗やキズ等を復旧すること」で、「借りていた物件を契約締結時とまったく同じ状態に回復すること」ではありません。

費用負担の原則は「借主の故意や過失で生じた汚れや傷」は借主負担、一方、借主が普通に使用しているうちに自然に劣化、消耗したものは「経年劣化」、「通常損耗」といって貸主負担となります。退去時のルームクリーニング費用は原則、貸主負担とされています。

しかしながら、「ガイドライン」によれば**「経年劣化」、「通常損耗」**等、**借主に特別の負担を課す内容についても「例外としての特約」を記載して合意すれば、借主負担にできるとされています。**

すなわち、借主に「費用負担の原則」を説明して、貸主と借主の負担内容を理解してもらった上で、「例外としての特約」も説明して理解してもらい、合意を得られれば認められるということです。

ただし何でも合意すれば借主負担にできるというわけではありません。「民法90条（公序良俗）」に反するものや「強行法規」に抵触するものは無効ですし、「消費者契約法8条・9条・10条」に抵触するのも無効です。

「ガイドライン」によれば、借主に特別の負担を課す特約が有効と認められるための要件として次の三つを挙げています。

①契約の必要性があり、かつ暴利的でないなどの**客観的、合理的理由**が存在すること
②借主が特約によって通常の原状回復義務を超えた修繕等の義務を負うことについて**認識**している こと

③借主が特約による義務負担の**意思表示**をしていること
本来、貸主負担であるルームクリーニング費用を借主負担としてもらうためには「例外としての特約」として契約書の「特約条項」に先述の要件をもとに明記します。

「ガイドライン」によれば、ルームクリーニング費用の特約については
①借主が負担するべき**内容・範囲**が示されているか
②本来、借主負担とならない通常損耗分についても負担させるという趣旨及び負担することになる通常損耗の具体的範囲が**明記**されているか或いは口頭で**説明**されているか
③**費用として妥当**か
等の点から有効・無効が判断される、としています。
①及び②に関しては、**「『ルームクリーニングに要する費用は賃借人が負担する』旨の特約は、一般的な原状回復義務について定めたものであり、通常損耗等についてまで賃借人に原状回復義務を認める特約を定めたものと言えない」**とする判例（東京地方裁判所判決平成21年1月16日）があります。
大手不動産仲介会社をはじめ、ルームクリーニング特約を、この一文だけにしている会社もいまだにあり、退去時に「ルームクリーニング費用○○円支払ってください」といきなり予想し得ない金額を管理会社に言われても、多くの借主は納得できないのではないでしょうか。

③に関しては「ルームクリーニング費用の金額が、『**月額賃料の半額以下**』であることは消費者契約法10条に違反しない」とする判例（東京地方裁判所判決平成21年9月18日）がありますので、一つの目安になります。

もっとも**「消費者契約法」に違反するかどうかは、個別具体的な事例ごとに判断される**ことは注意しなければならないでしょう。

ルームクリーニング費用と同様に、エアコンの内部洗浄費用も「ガイドライン」によれば、貸主負担とされています。**特約条項５条２項２号**では、エアコンの内部洗浄の費用についても、借主負担と規定しています。

ここでもポイントは、それぞれの原状回復の範囲と金額を明確に記載し、本来は貸主負担であることを説明し、借主負担にさせることを理由とともに理解してもらい、合意してもらうことです。

エアコンの内部洗浄費用の特約については、近年、契約書の「特約条項」に記載する仲介会社が増えてきましたが、新たな判例が出たら、修正が必要となるかもしれません。

なお、貸主（または管理会社）指定の清掃業者とする場合は、理由を記載した方が丁寧です。

■床の「へこみ」を少しでも防止する方法

家具を置くことによって、床CFやカーペットに「へこみ」や「設置跡」がつくことがあります。「ガイドライン」では、家具による「へこみ」は通常損耗で、補修は貸主負担とされています。

「例外としての特約」として、当社では家具の設置による床の「へこみ」を借主の過失とし、借主負担で原状回復しています（**特約条項5条4項3号**）。

当社の契約書では理由も記載していますが、「へこみ」は百円均一のクッション等で防げます。**契約書に記載して説明を受けているためか、特約をつけた以降は、退去時の床CFの「へこみ」跡がなくなりました。**

退去者のアンケートでは「『特約条項』に記載してあったから、未然に防止しておいた」との記入がありました。

記載するだけでも抑止効果があることの代表例です。もっとも、後述する**「抑止力」としての記載**になりますので、万一、退去時に借主の過失による「へこみ」があっても、柔軟な対応をしてもよいのではないでしょうか。

■単価もきちんと記載する

「ガイドライン」によると、通常であれば貸主負担となる通常損耗についても借主負担とするためには、「例外としての特約」に借主が負担する範囲と金額を明記することが必要となることは、すでに述べました。

当社でも、**日常で想定される代表的な原状回復工事の「単価表」を別表として記載しています。計算方法を載せるのも大事です。**たとえば床CFを張替える場合の単価に、専有面積から浴室等を控除した部分の面積を掛けた金額がいくらかも明記してあります。**「計算方法」を載せないと、借主が修理費用にいくらかかるかを理解したことにはならない**からです。

実務でも、退去者が原状回復費用の目安がわからなければ、「費用が高い」等のクレームとなりやすいものです。

退去にあたって、管理会社から「ルームクリーニング費用やクロスの張替費用が○○円かかります」と、いきなり請求されるよりも、借主は概算の退去費用を事前に把握することができ、予定が組みやすくなります。

大切なのは、想定し得ない新たな修繕が発生したら、「単価表」に追加することと、なるべく金額をその時の相場に合わせて常に変動させるということです。

加えて、「単価は入居時の目安であり、退去時において材料価格の高騰等の変動がある」旨を注意書きとして入れれば完璧です。

原状回復費用の単価については、「ガイドライン」にあるように、暴利的でない、業界の相場から見て適切な価格にすることは言うまでもありません。

■高齢者特有の事情に対しても、「特約条項（または覚書）」で対応する

高齢の入居者は、他の年代の入居者とは異なるリスクがあるため、高齢者向けに対応した「特約条項（または覚書）」を用意します。その一つが「バリアフリー関連」です。

なぜなら、高齢者の室内での転倒事故は頻繁に発生するからです。

当社の経験上では、80歳以上の入居者は、入居期間中に必ず一度は転倒で怪我をしたという連絡があるものです。転倒事故が起きるのは浴室が多いのですが、バリアフリーではない築30年くらいの物件になると、玄関や床の段差であったり、場合によっては自分の荷物につまずいて事故になります。

自分の荷物につまずいて転倒するのは入居者の過失ですが、部屋の段差になると「室内構造が原因なのだから、オーナーの責任だ」という声があがる可能性があります。

このような明らかな言いがかりも想定し、念には念を入れて、バリアフリー物件でない場合

は、「特約条項（または覚書）」に「バリアフリー物件でないため、転倒事故が起きたとしても、貸主は責任を負わない」旨の条文を入れます。そうすれば、トラブルが発生しても争うことなく、対応することができるのです。

■ 長期不在を未然に防止する

高齢者に特有のトラブルは、転倒事故以外に「長期不在」や「音信不通」の問題があります。ポイントになるのが、親族の存在です。親族には、契約時に「定期的な見回り」と「長期不在時の事前連絡」、「トラブルがあった場合の対応」を約束してもらいます。

具体的には、左記のような文言を「特約条項（または覚書）」に記載します。

・親族は定期的（1週間に2回から4回程度）に入居者を訪問し、万が一、これを怠ったことにより貸主に損害が生じた場合は、親族が一切の責任を負う。

・病院に入院するなどの理由で部屋を3日以上空ける場合は、入居者または親族は必ず事前に管理会社または貸主に連絡する。その場合には室内の傷みを防止する処置をする。

・入居者と音信不通になった場合、入居者の安否確認のため、親族または警察官の立会いのもと管理会社または貸主は部屋に入ることができる。

・認知症による徘徊等で入居者が近隣へ迷惑をかけた際に、親族は身元引受対応を遵守し、違反した場合は契約を解除し、貸主に損害が生じた場合は、親族が一切の責任を負う。

・「孤独死保険」の加入や「死亡時原状回復費用保証」のある賃貸保証会社と保証契約を締結することを契約条件とし、それぞれの更新を遵守する。

連帯保証人引受承諾や身元引受契約とは別に、このような約束を親族とすることによって、徘徊や大声を出すなどの入居者の行動、急病や突然死、孤独死を防いだり、長期不在による部屋の傷みを予防することができます。

長期間、何も部屋の様子を確認しないと、配管の途中にある排水トラップの水が乾燥により蒸発することで、コバエ等の害虫が湧いたり、臭いが配管から部屋の中に上がってくる可能性があります。誰も住んでいなければ建物は傷むのです。

それを防止するために、入院などで長期間不在にする場合は、水まわりに定期的に水を流したり、害虫を駆除するなどのメンテナンスを親族等にしてもらうように決めています。

◘入居者が亡くなった時のことも考えておく

残念ながら、高齢の入居者が亡くなることもあります。入居者が死亡した場合、遺品整理（残置物）の問題が発生します。部屋の中の亡くなった入居者の物品は、相続人の許諾がなければ、部屋の外に出すことすらできません。これでは新たな募集ができず、空き室が続くことになります。

相続人全員に相続放棄をされた場合は、利害関係人または検察官による申入れのもと、家庭裁判所より選任された「相続財産管理人」の承諾が必要となります。「特約条項（または覚書）」で遺品の引取人と処分方法、損害賠償内容を決めておけば、迅速に対処することができます。

こちらに関しては、88ページで紹介した「国土交通省が策定・公表する**『残置物の処理等に関するモデル契約条項』**」を参照していただければと思います。

■記載すること自体は違法ではないので、「抑止力」や契約内容の「遵守の強化」として記載

「消費者契約法」は個別具体的な事例をもとに判断するので、実際には裁判してみないと有効・無効と判断できない可能性があります。例を挙げます。

・家財保険の契約更新を必須とすること**（第22条2項）**
・熱割れの場合に貸主への通知がない場合の損害賠償**（特約条項5条5項3号）**
・床の「へこみ」を借主負担とすること**（特約条項5条4項3号）**
・高齢者入居で「特約条項」を遵守しなかった場合の一切の損害賠償責任を負うこと
・1年未満に解約の場合、短期解約違約金を2ヶ月とする（※当社では記載しておりません）

これらは場合によっては認められず、無効となる可能性もあります。それでも契約書に記載することと自体は違法ではなく、罰則があるわけでもありません。

経験上、真面目で優良な借主は「契約書の『特約条項』に署名したから」と納得していただける場合も多いものです。その結果、**オーナーが〝抑止してほしいこと〟を強調し、〝遵守してほしいこと〟を助長する**効果があるのです。

先ほどの例でいえば、

- 家財保険を更新する（遵守の強化）↓家財保険を更新してもらえる
- 熱割れを通知（遵守の強化）↓熱割れが起きたら通知してもらえる
- 床の「へこみ」を防ぐ（抑止力）↓クッションマット等を敷いて、床の「へこみ」を防ぐ
- 高齢者の定期的な見守りをする（遵守の強化）↓定期的に見守りをしてもらえる
- 1年未満の短期解約をなくす（抑止力）↓1年未満の短期解約を防ぐ

という効果が望めます。

さまざまな「抑止力」や契約内容の「遵守の強化」として機能するのではないでしょうか？

契約書はオーナーの経営理念と密接につながっているのです。

■「特約条項」にもサインしてもらう

当社の契約書は、「特約条項」にも借主の〝署名欄〟を設けています。〝署名欄〟には、大きな赤字（太字）と蛍光色で「上記特約事項は、すべて丁寧に説明を受け、理解の上、承諾しました」という一文を入れています。

原状回復やバリアフリー等は別途覚書にした方が望ましいのですが、覚書が多すぎるのも紛失防止や契約時の負担から、バランスを考えなければなりません。

また契約書の本文にも署名と捺印、割り印をすれば、「特約条項」での署名は必要ないのではと思うかもしれません。

当社の「特約条項」は内容が重要かつ多岐にわたります。サインをしてもらうことで、内容が大切であることを借主に認識していただくのと同時に、借主の理解と意思表示を証明することにもなるのです。

大文字・赤字の太字に加えて、蛍光色で目立つようにしていますので、特約条項の〝署名欄〟を設けてから「そんなの聞いていない」等のトラブルは一切なくなりました。

特に「消費者契約法」では消費者である借主が理解した上で契約したかが問われますので、いちいち面倒臭くても重要な場面では常に「借主が理解した」という署名や覚書が必要です。

借主が納得していないのに、自らサインをすることは通常はないでしょう。

今後、賃貸借契約が「電子契約」で締結されるようになった場合、「承諾のチェックボックス」にチェックを入れなければ、あるいは同意するものとして氏名を入力しなければ先に進めない等、〝し忘れ〟も防止されるかと思います。

■オーナー目線だけではダメ！　借主に真摯に向き合う契約書を作る

ここまで当社の契約書を例に、「オーナー目線による、オーナーのための契約書」のポイントを解説してきました。

ここで述べたノウハウの一部は、借主にある程度の負担を強いるものです。この点だけ見れば、借主が契約に応じるのかどうかを疑問に思う人がいるかもしれません。

当社がこの契約書で成約できるのは、繰り返しますが、初期費用が安い、借主の要望を受け入れる等、借主にもメリットがあるからです。たとえば入居申込の際、借主からの家賃減額交渉を受け入れた場合など、すぐに入居してもらいたいオーナーは「オーナーのための契約書」を検討してみてはいかがでしょうか？

オーナーが、どのようなトラブルを経験したかに応じ、内容をブラッシュアップしたオーナー目線の契約書を作り、借主にもメリットとなり満足していただく。

そのようにして、「Ｗｉｎ－Ｗｉｎ－Ｗｉｎの『ループ』」が生まれるのです。

居住用建物賃貸借契約書

※一部抜粋。**〈巻末付録〉で 説明している 箇所 は、太ゴシック体になっています。**
※甲＝貸主　乙＝借主として契約。

賃借人＿＿＿＿＿＿＿＿＿＿＿＿様

第4条（賃料等）

1. 賃料及び共益費は頭書3記載のとおりとする。本契約締結後は、乙は甲に対し、たとえ入居前に本契約を解除したとしても、既に支払われた鍵交換費用、礼金等契約金の返還を求めることはできない。

〜〜〜〜〜〜〜〜〜〜

5. 乙からの解約申入れによる賃貸借契約終了時、月途中の退去の場合でも賃料は月割りとして請求する。（賃料の月割条項）

第6条（修繕・清掃等）

1. 甲は、乙が本物件を使用するために必要な修繕を行わなければならない。この場合の修繕に要する費用については、乙の責めに帰すべき事由により必要となったものは乙が負担し、その他のものは甲が負担するものとする。

〜〜〜〜〜〜〜〜〜〜

6. 乙は次の各号に掲げる修繕及び清掃は各自において乙の費用で行わなければならず、この場合に甲の同意は不要とする。

（1）専有部分内の電球・蛍光灯・ヒューズの取替

（2）エアコン表面及びフィルターの清掃・内部分解洗浄（高圧洗浄を含む）

（3）専有部分において発生したネズミ・ゴキブリ・ダニ・蚊・蝿・蜘蛛等、害虫の駆除

（4）蛇口のパッキン、コマの取替

（5）洗濯機ニップル・排水エルボの交換

〜〜〜〜〜〜〜〜〜〜

第7条（禁止または制限される行為）

1. 乙は、本契約第1条に記載の使用目的を変更してはならない。

2. 乙は甲の書面による承諾を得ることなく賃借権の譲渡、本物件の全部もしくは一部の転貸、使用貸借をさせ、または名義の如何を問わず事実上の第三者に占有・使用をさせてはならない。

3. 乙は如何なる場合であっても賃借権または本物件について甲の承諾を得ることなく下記の行為をしてはならない。

〜〜〜〜〜〜〜〜〜〜

（9）猛獣、爬虫類、犬、猫、鳥等の動物の飼育及びこれらの一時保管

〜〜〜〜〜〜〜〜〜〜

第12条（立入り）

1. 甲及び甲の関係者は、本物件の防火、水漏れ、ガス漏れ、水害、爆発、盗難、暴動、テロ行為、**感染症の大流行**、救護など本物件の構造の保全その他の本物件の管理上特に必要があるとき（専門業者による給排水管清掃等を含む）は、建物の管理上必要のある時は本物件に立ち入り、本物件ならびに造作等を点検し、必要があればこれに適宜の処置を講ずることができる。

5. 乙に賃料の滞納が発生する等により、携帯電話や電子メール、その他SNSを使用した連絡を用いても相当期間通じなく、音信不通になった場合は警察官等公正なる第三者の立会・同行の下、甲または甲の関係者が鍵を開けて部屋を覗いて安否や所在の確認をすることを乙は容認する。（音信不通時の室内確認）

第13条（免責）

1. 地震、火災、台風、水害、津波その他の天変地異、爆発、戦争、暴動、内乱、テロ行為、**感染症の大流行**、盗難等その他不可抗力と認められる事故及び事象、又は甲もしくは乙の責によらない電気、ガス、給排水等の設備の故障（著しい気温低下による水道管の凍結を含む）によって生じた甲または乙の損害について、甲または乙は互いにその責を負わないものとする。

第15条（契約の解除）

1. 甲又は乙は本契約期間中といえども、次の各号に従って相手方に甲が指定する書面をもって通知することで本契約を中途解約することができる。

8. ①借主乙からの申し出により本契約締結後1年未満に解約する場合には、本条1項の解約予告または同条但書き所定の1ヶ月分の賃料（本契約の解約後の賃料相当額の損害金を含む）の支払いをする他、賃料1ヶ月分相当額の違約金を乙は甲には支払うものとする。（1年未満短期解約違約金）

②借主乙からの申し出により本契約締結後半年未満に解約する場合には、本条1項の解約予告または同条但書き所定の1ヶ月分の賃料（本契約の解約後の賃料相当額の損害金を含む）の支払いをする他、賃料2ヶ月分相当額の違約金を乙は甲には支払うものとする。（半年未満短期解約違約金）

第22条（家財保険）

1. 乙は自己の費用負担において甲が承認する家財保険（借家人賠償責任補償特約・個人賠償責任補償特約がそれぞれ担保されたものをいう）に加入しなければならない。なお、乙は甲の提供する家財保険に加入した場合を除き、甲に交付するものとする。

2. 乙は、本物件の契約期間中、第1項の家財保険に継続して加入しなければならないものとする。なお、乙は、甲の提供する家財保険に加入した場合を除き、更新のたびに、家財保険の保険証書の写しを甲に交付するものとする。

【特約条項】

1．更新料

(1) 乙は本契約の更新時に新賃料の１ヶ月分の更新料を甲に先に支払うものとする。

(3) 前２項の**更新料は合意更新、法定更新の如何にかかわらず支払われる**ものとし、いかなる事情があっても返還されず、かつ、法定更新に際し、何らの条件を付すものではないことを甲及び乙は確認する。

(4) **法定更新された場合の契約期間は契約期間満了の日から２年とする。**

12．大雪や台風、水害。津波、地震をはじめとする災害、暴動、内乱、テロ行為、**感染症の大流行**等により、貸室内及び共用部の設備が故障又は機能停止等した際に、**物流機能の停止や制限**、人手不足等により業者の手配や部品の発注など時間的猶予を要する場合があることから、乙は即時に修理・交換がないことを理由に甲に損害・損失の賠償を求めないものとする。

5．本物件賃貸借契約における乙の負担内容についての原状回復特約

(2) ルームクリーニング

①退去時の専門業者によるルームクリーニングは乙の負担とし、乙が退去日の３週間前までに税込○○○円（内消費税○○円）を甲に支払うものとする。ルームクリーニングは安全や品質に関わる管理上の理由により、当社指定の業者が実施し、退去時も乙が室内を念入りに清掃したことをもって対抗することはできない。

<※専門業者によるルームクリーニング作業内容>

各箇所（玄関、廊下、洋室、換気扇、キッチン、収納、ユニットバス、サッシ及び出窓）毎に床面（床 CF は WAX かけを含む）・壁面清掃、埃落とし、拭き清掃、掃き清掃、キッチン・換気扇油落とし等の清掃

②退去時の専門業者によるエアコン内部洗浄費用は乙の負担とし、乙が退去日の３週間前までに税込○○○円（内消費税○○円）を甲に支払うものとする。エアコン内部洗浄は安全や品質に関わる管理上の理由により、当社指定の業者が実施し、退去時に乙がエアコン内部を念入りに清掃したことをもって代替とすることはできない。

<※専門業者によるエアコン内部洗浄作業内容>

・分解、養生、フィルター洗浄、高圧洗浄による分解洗浄、強アルカリ洗剤による熱交換器のカビの洗浄、排水ホースの洗浄、抗菌・抗カビ処理。※作業後の汚水は流さずに回収します。

作業時間：養生を含めて２時間程

③前１号及び２号の費用は居住期間や通常損耗の有無、過失の有無を問わず乙は甲に支払うものとする。

(4) 壁・天井クロス・床 CF 張替・補修の施工範囲

①退去時の壁・天井クロス張替・塗装・補修工事は最低施工可能範囲内で既存箇所を含む一面分を張替えるものとする。

②退去時の床 CF 張替は一部屋単位として張り替えるものとする。

③家具等を設置した際のへこみは絨毯やクッション材等の工夫で事前に防止することができることを考慮し、退去時にへこみがある場合は本契約においては乙の過失として取り扱い、乙は床 CF・カーペット張替費用を負担することを乙は了承する。

(5) 入居中の小規模修繕・清掃・通知義務

①契約書第 6 条記載の通り、入居中の電球、蛍光灯、給水排水栓パッキン、洗濯機ニップル、排水エルボの取替は乙の負担とする。

②乙は本物件のトイレ、浴室及び台所の流し台、庭又はベランダの排水溝の清掃について乙の責任をもって定期的に清掃を行うものとする。万一、乙の清掃不行届きによるこれらのオーバーフロー、排水の詰りについての責任は乙によるものとし、それに係る清掃・修理費用等が発生した場合は乙の負担とする。

③室内窓ガラスの熱割れは家財保険の適用事由となり、保険会社より保険金が支払われるため、乙が甲へ通知しなかったことによって、当該修繕交換箇所につき保険金の支払いを受けられなくなる等して、甲に費用負担が発生した場合には、乙がこれを全額負担する。

おわりに

ここまでお付き合いいただき、ありがとうございます。

本書は外国人入居支援と空き室対策をメインに、「不動産投資」及び「不動産賃貸業（賃貸経営）」について執筆いたしました。

本書を出版するにあたって、外国人をはじめとして数多くの「住宅確保要配慮者」に、住居や事業所・お店を提供して、ともに日本の経済を活性化してほしいという思いがありました。

外国人だけでなく、高齢者では、セカンドライフとして定年後起業をされる方など、住居だけでなく事業用賃貸の需要も増加してきています。

そういう意味では定年後の元気な高齢者の起業や定年後の仕事には期待しております。

物事には、ブームになり、ブームが過ぎて終わるもの、ブームでは終わらないものとがありますが、外国人に対する社会的ニーズは一時的ではなく、日本経済の発展にとって欠かすことができない存在です。少子高齢化で人口が減少し、年金もどうなるのかわからない。そんな状況でどうやって経済が成長していくのかといえば、外国人労働者なしには、おそらく難しいでしょう。

新型コロナウイルス感染症の流行の終息後でも変わることなく、年々、外国人労働者・入居者は増加していくのです。いえ、増加せざるを得ないのです。

外国人労働者に良い形で働いてもらうために何が必要なのかを考えた時に、当社のできることは、「衣・食・住」の「住」です。外国人が住居や事業所を求めると、おおよそ2人に1人が断られるような状況の中で、当社は外国人を積極的に受け入れることによって、微力ながら日本経済に貢献しようと思うのです。

困った人を助けて社会を支える、それこそが不動産賃貸業を通しての社会貢献だと思っております。

いつも心に置かなければいけないのは、「Win‐Win‐Win」の関係です。

オーナーは借りにくい人に対して住居や事務所・店舗などを提供することで、安定した不動産賃貸が行える。借主は歓迎されて、心地よく住める・営業できるようになる。管理会社や仲介会社によい成果を与える。

この幸せの三角形は、よりよい未来をもたらすと信じています。

オーナーや管理会社・仲介会社が収益を上げて成長すれば、金融機関も融資ができて「Win」となるでしょうし、オーナーや管理会社・仲介会社がより多くの税金を納めれば社会貢献ができ、社会も「Win」となります。

そうすれば外国人や高齢者に対する支援も増して、彼らが働きやすくなることで、日本の経済も活性化し、「Win」が倍増して跳ね返ります。このようにして皆が「Win」となる、幸せの「ループ」が出来上がってくるでしょう。

外国人をめぐる賃貸経営の状況は、国や地方自治体、業界団体、民間企業を問わず、デジタル技術を含めて大きく変わりました。数十年前とは別世界と言っても過言ではありません。

過去に嫌な思いをされたオーナーも、**今と昔では時代が異なる**ことを理解してみましょう。**偏見を持たずに、外国人と直接コミュニケーションを取って、一歩を踏み出せば間違いなく変化できる**と信じています。「外国人を大歓迎」することで、オーナーは時代の変化に対応していきましょう。

あとはオーナーの意識改革、その気になるか否かなのです。

いずれは外国人入居者が歓迎される時代となり、多文化共生社会が実現し、オーナー・外国人が一丸となって一緒に日本経済を活性化していただければ嬉しいです。

つい先日の話です。アメリカ人の女の子が一人で公園の砂場で遊んでいて、イギリス人のおじいさんがベンチでやさしく見守っていました。お父さんとお母さんはインターナショナルスクールで教師の仕事をしているようです。小学校と幼稚園に通う私の子どもたちと他数名の子どもも公園内の遊具で遊んでいました。

子どもたちは、まだ幼いからというのもあると思いますが、日本語を話せない外国人の女の子が一緒に遊びたくて笑顔で何度も近寄ってくるのを見ても、初めは戸惑って一緒に遊ぶのをためらっていたようです。

小学生の娘に理由を聞いてみると、「何を言っているのかわからない」という答えが返ってきました。「話せなくてもいいから、一緒に遊んでみてごらん」と私が促してみたところ、最終的には一緒に楽しめて、おじいさんも楽しそうに輪に入って全員で盛り上がりました。女の子とおじいさんはランチのようで、二人とも大きくバイバイと手を振り、楽しそうに笑顔で帰っていきました。

「言葉がわからないと楽しめない」という先入観を捨て、とにかく動いて楽しんでみることです。そうすれば結果として全員が笑顔となるはずです。今の日本では、不動産賃貸の世界だけでなく、日常生活でも外国人と触れ合う機会が多いのです。特に外国人の子どもが一緒になって笑顔で楽しむ姿は、見ていて微笑ましくなり、嬉しいものです。

本書を読んで、一人でも多くのオーナーが『外国人大歓迎』の賃貸経営」にチャレンジしていただければ、これ以上の喜びはありません。

そしていつの日か、「日本は外国人に優しい国でよかった」という声を笑顔で聞けるように願っています。

田丸　賢一

「入居率《にゅうきょりつ》100%」を実現《じつげん》する
「外国人大歓迎《がいこくじんだいかんげい》」の賃貸経営《ちんたいけいえい》

2021年11月30日　初版第1刷

著　者 ———— 田丸賢一《たまるけんいち》
発行者 ———— 松島一樹
発行所 ———— 現代書林
〒162-0053　東京都新宿区原町3-61　桂ビル
TEL／代表　03(3205)8384
振替00140-7-42905
http://www.gendaishorin.co.jp/
ブックデザイン —— 吉崎広明(ベルソグラフィック)
カバー・章扉使用画像 — edacan,Rawpixel.com/shutterstock

印刷・製本：広研印刷(株)
乱丁・落丁本はお取り替えいたします。

定価はカバーに
表示してあります。

ISBN978-4-7745-1919-7 C0034